メドゥーサの首

私のイタリア人文紀行

Suh Kyungsik
徐 京植

論創社

나의 이탈리아 인문 기행 (A HUMANIST JOURNEY TO ITALY)
by 서경식 (Suh Kyungsik) (徐京植)

Originally published in Korea by Banbi,
an imprint of ScienceBooks Publishing Co., Ltd., Seoul in 2018.

Japanese translation edition is published by arrangement with
Suh Kyungsik c/o Banbi, an imprint of ScienceBooks Publishing Co., Ltd.

はじめに

スーツケースがまた壊れた。これで二度目だ。二〇〇六年にドイツのデュッセルドルフ滞在中に購入したものだ。ことし（二〇一六年）三月、コスタリカとアメリカ合衆国をひと月近く旅して、その負担に耐えかねたのである。私自身、拙著『私の西洋美術巡礼』（みすず書房、一九九一年）のもとになった一九八三年のヨーロッパ旅行以来、思えばあちこち旅して歩いた。愛用のスーツケース同様、そろそろ私も耐用年数に達したかもしれない。それでも、旅先で見た美術品、聴いた音楽、読んだ本、出遭った人々などへの興味が尽きないし、それらについて語りたいという「欲望」が燃え尽きていないようだ。

本書は、比較的近年、私が行なった旅での見聞を綴る紀行文である。まず二〇一四年春のイタリア旅行から始めよう。話題は美術や音楽の話が中心になるだろうが、その他、時代と人間にかかわることなら何でも、私なりの感じ方や考え方を読者に語ってみたい。

「人文紀行」と題するのは、私の旅の経験がいつも、現代では人気の薄い「人文学」的な問いから離れることがないからだ。私の願いは、「人文学」的な精神を、過去そのままに復古させるのではなく、今日という時代の要請に即して再建することだ。それが、私たちの生きている時代が瀕している危機を自覚し、それを乗り越えるために欠くことのできない営為だと信じるからである。「耐用年数」が過ぎつつある私が、このような要請に答えることができる自信はないが、せめて、そのための問いだけでも残したいものだと思っている。

＊本書刊行にあたり、書名を『メドゥーサの首――私のイタリア人文紀行』と改めた。本書一六頁以下を参照。

メドゥーサの首——私のイタリア人文紀行　目次

はじめに　3

ローマ（Ⅰ）　11

穴を覗き込む　11
メドゥーサ　16
女詐欺師　19
歴史と伝説の都　22
革命的転倒　26
近代人の自画像　28

ローマ（Ⅱ）　33

人間はよくならなかった　33
惨　劇　37
いずこへ？　40
呪われた芸術家たち　44
モジリアーニ　46
スーティン　48
時と美　52
トリエステ行きで　54

フェッラーラ　57

ベルリングェル　57
小児の握りこぶしほどの……　63
地下牢　67
残酷な夜　75
母の夢　78

ボローニャ、ミラノ　83

待合室　83
モランディ　86
古典と近代、具象と抽象　89
良き職人　92
ノヴェチェント　95
肖像の林　100
不安の象徴　103

トリノ（I）　107

スクラリーニ　107
白く輝く峰々　111
カフェ・バラッティ　114
証　人　117

老パルチザン　120
トリノ（Ⅱ）　125
チェーザレ・パヴェーゼ　125
憂鬱な都市　128
ある家族の会話　133
レジスタンスたち　139
文化の光　143
ミラノ　147
マリオ・シローニ　147
狂　風　153
ピエタ　156
未完成形の完成　160
ミケランジェロは生きている　162
苦しみつつ制作し、制作しつつ苦しんだ　169
韓国版あとがき　173
日本版あとがき　178

メドゥーサの首——私のイタリア人文紀行

ローマ（Ⅰ）

穴を覗き込む

二〇一四年二月二一日午後九時近く、ローマのレオナルド・ダ・ヴィンチ空港に着いた。成田発、ミュンヘン乗り換えの長旅である。やや老朽化の気配が漂う空港の荷物受け取り場に、かねて手配してあったタクシーのドライバーが律儀な様子で待機しているのを見て安心した。

この旅に出る前、二月一〇日から千葉大学で「ディアスポラ」をテーマにした集中講義が予定されていて、そのうち一日はプリーモ・レーヴィについて語ることになっていた。だが、二月八日から東日本は歴史的な大雪に見舞われ、交通網は大混乱に陥った。それでも私は九日に千葉市に向かい、F（私の配偶者）は所用で大阪に向かった。平常時の数倍の時間をかけてようやく到着してみると、千葉の市街にも雪が厚く積もっていた。ホテルの外で軽く夕食を済ませて帰館したのだが、足元がふらつき、ホテルの部屋で激しく嘔吐した。かつて韓国滞在中に脳虚血症で救急病院に運ばれたことがある。その再発かと疑った。救急車かタクシーを呼ぼうにも、外は大雪でクルマはほとんど走っていない。Ｆに電話しようと思ったが、彼女は大阪にいるので、電話したところで無駄に心配するだけだ。一晩中、嘔吐を繰り返し、こうやって人生を終えるのかな……などと思いながら朝を迎えた。意外なほど静かな気持ちであった。

とにかく、集中講義を休むわけにはいかない。雪道をよちよちと歩いて千葉大学に向かった。幸い学生たちが真摯に聴講してくれ、苦労して講義した甲斐があった。大雪被害はその後も数日続き、私の体調もなかなか回復しなかった。何度か中止を考えながら、不安を抱えたまま、イタリアへの旅に出てきたのである。

ローマ空港からそのままタクシーで市内リソルジメント広場の宿に向かう。宿といっても部屋貸しのアパートである。

私は若い頃から、日高六郎先生に親しくしていただいたが、その夫人である暢子《のぶこ》さんによく叱られたものだ。

「キョンシクくん、地べたに穴を掘って覗き込んでばかりいてはダメよ……」

その「穴を掘って覗き込む」性癖がこの年齢になっても治らない。今回も旅の間ずっと、まるで心の底にわだかまる暗黒がすべて吐き出してくれと訴えてでもいるように、ある暗い物語のプロットが頭から離れないのである。そのまま眠りについた。

テレビのバラエティ番組によく出てくる小太りのコメディアンが現れ、笑えない冗談を連発しながら、どんなに振り払っても執拗につきまとってくる。ついに堪忍袋の緒が切れて殴りかかったが、拳は空を切って一向に相手に当たらない。そんな私を、太ったコメディアンは憎々しい表情で嘲笑う。

ワーッと大声を発したとたん、Fに揺り起こされた。「ああ、ここはローマだ……」そのことに気がつくのにしばらくかかった。目醒めてからも現実感が長く尾を引いた。千葉のホテルで嘔吐を繰り返した時の感覚が、まだ残っている。ベッドを降りて窓のカーテンを開ければヴァチカンの外壁が照明に浮かんで見えた。街は小雨模様で薄暗く、この季節にしては生暖かい。

リソルジメント広場
©Alessio Damato / Wikimedia Commons

今回イタリアを旅した目的の一つは、トリノを訪れプリーモ・レーヴィを回想することだったが、まずローマに入ったのには別の理由があった。カラヴァッジョである。

私が最初にイタリアを旅したのは一九八三年のことだが、この時はフィレンツェを駆け足で見ただけだった。その四年後の一九八七年五月に初めてローマに足を踏み入れたのだ。(それがプリーモ・レーヴィの自殺した年であることを、後になって知った。)

それ以来、しばしばイタリアを訪れたが、ローマにだけは近づかなかった。私にとってローマはおよそ二七年ぶりということになる。二七年前のあの年は、韓国軍事独裁政治の最後の年でもあった。もちろん「最後」というのは今になって言えることで、当時の私にはその暗鬱な日々は永遠に続くかのように思われた。そんな中、私はローマとバルセロナ、それにサンチャゴ・デ・コンポステラをめぐる旅に出たのである。いったいどんな心境で、そんな無思慮とも身勝手ともいえる旅に出たのか、そのことは以前書いたのでここでは繰り返さない(拙著『私の西洋美術巡礼』)。

その時の旅で、ローマの日程を終えバルセロナに向かうべくテルミニ駅のそばのバスターミナルから空港バスに乗ろうとした時、スリに遭った。警戒していたつもりだったが、飛行機の出発時刻が気になって急いでいたのと、両手が荷物でふさがっていたため、あっと言う間もなくポケットの財布を抜き取られたのだ。慌てて追いかけたが、スリの一味である数人の女性が、私には理解できない言葉で口々に叫びながら行く手を遮った。立ち往生しながら、ヴィットリオ・デ・シーカ監督の映画『自転車泥棒(Ladri di Biciclette)』にこれと似たシーンがあったな、……そんな連想が浮かび、私はすばやく自分の不運を自分に納得させたのである。

不幸中の幸いというべきか、旅券等の貴重品は別のところに入れていたので、なんとか旅を続けることができた。バルセロナからサンチャゴへの道中で知り合ったカプチーノ派の修道僧に事情を話すと、彼は私に同情して、「この者は善き巡礼者である、一夜の宿を提供されたし」という、順路上の教会にあてた紹介状まで書いてくれた。

この時、この修道僧と私とが交わした話題の一つが、新約聖書ヨハネ伝第二〇章の「聖トマスの不信」についてだった。それがのちに、この主題を描いたカラヴァッジョの作品《聖トマスの不信》を見るために私がポツダムのサンスーシ宮殿まで出かける強い動機になった(「扉を押し開くもの」『汝の目を信じよ』みすず書房、二〇一〇年)。

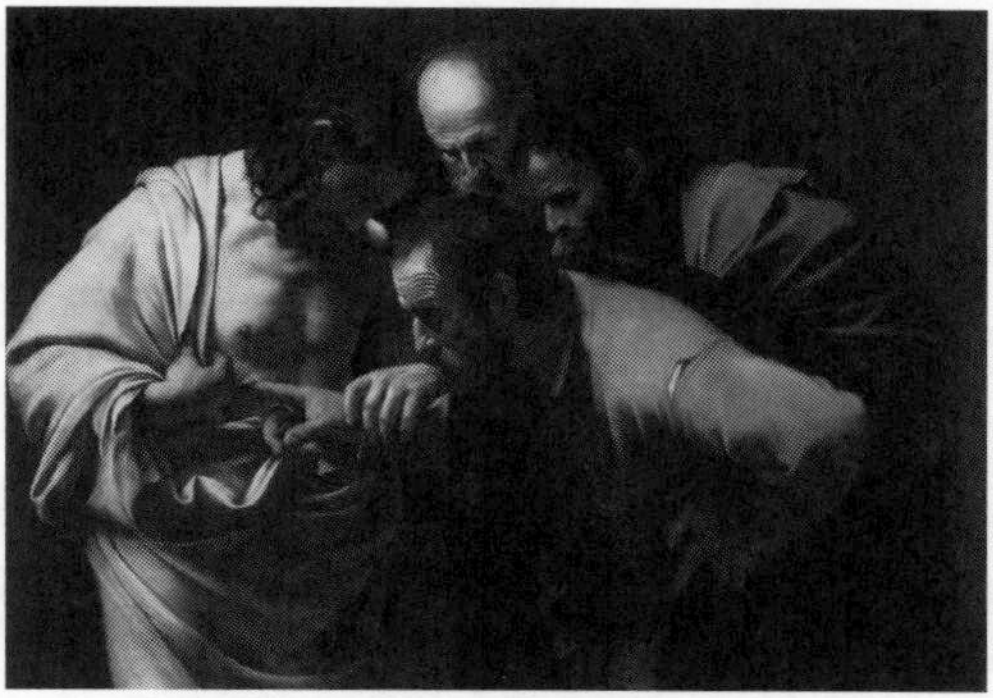

カラヴァッジョ《聖トマスの不信》(1601-02年頃)

スリに遭った経験が無意識のうちにトラウマになってしまったのか、その後の私は、たびたびイタリアを訪れ、さまざまな都市を旅したが、ローマにだけは足が向かなかった。Fが「システィーナ礼拝堂壁画が見たい、今でなければもう死ぬまでチャンスはないかもしれない」と強力に私を引っ張らなかったら、この旅に出ていたかどうかわからない。Fは学生時代にシスティーナ礼拝堂に行ったことがあるのだが、団体旅行の同行者がショートパンツ姿だったため入場できなかったのである。

いつの間にか、私が最初にローマを訪問してから二七年もの歳月が流れ、多くのことが変化した。予想していなかったことだが、当時は政治犯として獄中にあった二人の兄は生きて出獄した。私はもの書きとなり、大学に職を得た。かつてはいつも一人旅だったが、一五年ほど前からはFという同行者がいる。九〇年代以降は、私個人に関する限り、まずまず不満のない日常というべきであろう。しかし、私の心は、かつても今も、落ち着かない。私がこの安定を得たのはたんなる偶然によるものであるという意識、過去のどこかの時点で苛酷で無残な運命に突き落とされていたとしても、なんの不思議もないのだという思いが、執拗につきまとって消えない。(実際、私の知る少なからぬ人々がそういう運命を嘗めた。)なにより、さまざまな偶然の結果、自分はこの三〇年ほどの歳月をこれという困難もなく生き延びたけれど、世界と人間はすこしも良くならなかったという思いが、秋の夕暮れの影法師のように、日に日に濃くなっていくのである。

メドゥーサ

カラヴァッジョ(Michelangelo Merisi da Caravaggio、一五七一―一六一〇年)の実作品に私が初めて出遭ったのは三〇年前、初めて訪れたフィレンツェのウフィッツィ美術館でのことだ。もっとも、当時の私はそれがカラヴァッジョの作だということも、そもそもカラヴァッジョとは誰であるのかも、知らなかった。

多くの観光客がそうであるように、私はただ、多くの美しいもの、たとえばボッティチェルリやラファエロを見るべくウフィッツィ美術館に入ったのである。そして、回廊の一隅で、その異様

カラヴァッジョ《メドゥーサの首》(1598-99年)

なものに遭遇したのだ。私は三三歳の絶望した若者だった。鏡に映った自分自身を見るような思いで、その異様な絵の前で立ち尽くした。

それはカラヴァッジョの《メドゥーサの首》という作品であった。

メドゥーサはギリシャ神話に登場する女性の姿をした怪物である。この怪物と眼を合わせた者はたちまち石になってしまうのだ。私はこの時、カラヴァッジョの描いたメドゥーサと眼を合わせてしまった。それどころか、かなりの時間、取りつかれたように見つめ続けた。石にはならなかったが、それでも、この時の遭遇が私のその後の人生になにか取り返しのつかない影響を残したように思う。

この絵は、カラヴァッジョの後援者であったデル・モンテ枢機卿が馬上試合用の盾に描かせて、メディチ家に贈呈したものだ。禍々しい印象とは異なり、「理性と徳の情念と感覚に対する勝利」をあらわす「象徴的護符として、あるいは結婚祝いとして贈ることは、時代的背景としても納得しうる」という（谷川渥）。

ある論者はこの作品をカラヴァッジョの「失敗作」と断じている。その理由は、「主題が非常に異教的であったために、（中略）彼はいつも自分のイメージに与えているあの真実さを発揮できなかったのだろう」というのである（アルフレッド・モワール）。別の論者は「この絵は並はずれてすばらしく、主題が非常に独創性のある構想力で扱われているために、強く記憶に残るものとなっている」と論じている（ジョルジョ・ボンサンティ）。私自身の意見は、もちろん後者に近い。

直径六〇センチほどの円形の盾に張られたカンヴァスに描かれているのは、斬首されたメドゥーサの顔である。頭髪の代わりに、頭部を蛇どもが覆っている。やや外斜視ぎみで焦点の合わない目は大きく見開かれ、開いた口はなにか言葉にならない叫びを発している。切断された首からは鮮血が勢いよくほとばしっている。まさに斬首という決定的な一瞬が描きとられている。急速に血液が失われて、この人物の視野は混濁し、意識はすぐに失われるだろう。だが、まだ今は彼の脳は活動していて自分を襲った運命を理解しているし、その視野は彼を見ている私をとらえているのである。

こんな絵が、それ以前にあっただろうか……。

そもそも伝説上のメドゥーサは女性であるのに、ここに描かれているのは少年だ。カラヴァッジョの自画像だともいわれている。そうだとすると、（現実にはもちろんモデルを写生したのだろうけれど）首を刎ねられた瞬間の自分の表情を、どのようにして自分の眼で見て描くことができるのか？　しかも、目を合わすと石になってしまうという対象を。なにより、こんな恐ろしくも凄惨な自画像を描こうという人物は、いったいどんな自意識の持ち主だったのか？

旅を終えて日本に帰ってからも、イタリアで見た美しいものを思い出そうとするたびに、この異様なイメージが現れ出て私を脅かした。斬首されたメドゥーサが発する金属的な叫びが耳の底でいつも鳴っていた。以来、欧米各国の美術館でカラヴァッジョの作品を多く見てきたが、ローマには長い間足を踏み入れていなかった。ローマを訪れる以上は、私にとって、システィーナ礼拝堂のミケランジェロよりも、ローマ市内各地の教会に散在するカラヴァッジョこそ、今でなければもう死ぬまで見るチャンスがないかもしれないものなのであった。

女詐欺師

到着翌日、まずテルミニ駅に向かった。私たちはローマ滞在のあと、フェッラーラ、ミラノ、トリノと北上する計画だった。そのため、まず鉄道切符を買っておくことにしたのだ。テルミニ駅は、かつてスリに遭った場所でもあるので、私はことのほか気を引き締めていた。

切符は窓口でも買えるが、そちらは長蛇の列である。ロビーにずらりと並んでいる自動販売機で買うことにしたのだが、旅行者には操作が難しい。自動販売機の前に立って、ディスプレイの操作方法を読んでいると、いつの間にか小さなスーツケースを引きずった老女がかたわらに立っていた。「どこへ行くのか？」と英語で問うので、要領のわからない外国人とみて助けてくれるのかな、と思い、つい「フェッラーラ……」と答えた。すると老女はディスプレイにさっと自分の手を伸ばして勝手に操作を始め、駅名検索のFを押した。料金表示が出たので、決済するためクレジットカードを挿入しようとすると、老女はそれを遮り、「キャッシュ、キャッシュ……」と叫ぶように言い立て、自分が代わりに操作してやると身振りで示しながら、私から現金を受け取ろうとして手を出した。

鈍感な私もここに至って悟った。この老女は旅行者に現金で支払わせ、あわよくばその釣銭をくすねようとしているのだ。あるいは、財布を出し入れする瞬間を狙うスリかも知れない。Fも私の背後からしきりに「この人に気をつけて……」と警告を発した。

「ご親切にありがとう。でも……」と丁重に、だがはっきりと断っておいて、そのままクレジットカードで決済すると、老女は舌打ちして立ち去った。しばらく様子を見守っていると、老女は別の旅行者のところに近づいて同じことをしている。周囲には、彼女と同類と見える人々が数人たむろして、行き交う人々に品定めするような視線を投げている。

「疲れるね……」

「ほんまに、疲れるわ。でも……」

「ああいう人々を力ずくで一掃したのがナチスだった。ドイツ国民の多数も『ナチスが街路を清掃してくれた』と荒療治を歓迎した。その結果がホロコーストだ。かつて韓国でも軍事政権が同じことをやった」

「ああいう人たちの存在が許されているだけ、イタリアはゆるくて、生きやすい社会なのかもね」

「うん、疲れるのは、避けてはいけないコストといおうか……」

カラヴァッジョ《女占い師》(1595 年頃)

私とFとの会話である。
初期のカラヴァッジョに《いかさまトランプ師》(一五九四—九五年)や《女占い師》(一五九五年頃)といった名品がある。それらは寓意画ではあるが、現実そのものでもある。イタリアは四〇〇年以上前から(おそらくそのずっと前から)変わっていないのだろう。この後もイタリア滞在中ずっと、この種の「疲れ」と無縁ではいられなかった。ある日、ボルゲーゼ公園に近い高級なレストランで昼食を摂り、上機嫌で帰館してから何気なく領収書を見直すと、飲みもしていないシャンペンがつけてあった。腹を立てても後の祭り、油断もスキもないのである。その度に私とFは顔を見合わせて、「コスト、コスト……」とつぶやいた。

歴史と伝説の都

テルミニ駅を出て、さっそくサン・ルイージ・ディ・フランチェージ教会に向かった。ここに、カラヴァッジョの《聖マタイの召命》(一五九九—一六〇〇年)、《聖マタイの殉教》(一五九九—一六〇〇年)、《聖マタイの霊感》(一六〇二年)がある。前二者はデル・モンテ枢機卿の推薦によって描かれたもので、完成するとたちまち大評判を得た。カラヴァッジョの画法の独創的な特徴は、まず明暗を強調すること、もう一つは、連続する動きの一瞬を切り取ってみせることである。この両者が相まって、劇的な効果が発揮される。《聖マタイの召命》はまさに、このような独創性が開花した、画家カラヴァッジョの絶頂期を画す代表作といえる。

「この絵のドラマティックな頂点は、人々が何もしていないその瞬間にある。キリストの出現があまりにも突然でその身振りはあまりにも命令的であるために、そのショックを受けた瞬間に、人は呆然としてどのような反応も示すことができないでいる。しかし次の瞬間にレヴィ(使徒となる前のマタイの名)は立ち上がってキリストに従うだろう。(中略)この絵の迫力はまさにこの動作

カラヴァッジョ《聖マタイの召命》(1599-1600年頃)

の停止にある。」(アルフレッド・モワール解説、若桑みどり訳『Caravaggio』美術出版社「世界の巨匠」シリーズ、一九八四年)

カラヴァッジョは一五七一年、ミラノで生まれた。父は、ベルガモ近郊にあるカラヴァッジョ侯爵家の邸宅管理人だった。当時はまだ時折ペストの流行が見られ、この時はミラノで一万七千人、郊外でも七千人以上が犠牲になったと伝えられている。一家は一五七六年にはペストで荒廃したミラノを離れ、カラヴァッジョ村に移住したが、その翌年には父が死去している。同じ日に祖父と叔父もペストで死んだ。この時カラヴァッジョは六歳だった。「死は、カラヴァッジョの人生においてあまりにも早く現実のものとなった。カラヴァッジョはペストによって形作られたのである。」（デズモンド・スアード著、石鍋真澄・石鍋真理子訳『カラヴァッジョ　灼熱の生涯』白水社、二〇〇〇年）

一五八四年に母も死去し、この年からカラヴァッジョはミラノの画家シモーネ・ペテルツァーノのもとで四年間徒弟として修行したが、一五九二年半ばに「おそらく喧嘩」で役人を負傷させて出奔し、ローマへと逃亡した。「着の身着のまま……行くあても食料もなく……ほとんど無一文の状態」であった。

「カラヴァッジョの居住地となったローマは、聖堂や修道院、邸宅、そして噴水などが古代の壮大な遺跡と隣り合っている、不思議な場所だった。（中略）そこには歴史と伝説が霧のように立ち込めていた。」デズモンド・スアードは、当時のローマについてこう書き起こしている。以下、その記述を要約しておこう。

ローマはカーニヴァルの時に陽気になった。行列や山車、仮面舞踏会、闘鶏、馬上槍試合などが行われた。「哀れな老人やユダヤ人のレース」も行われた。彼らは裸のまま走らされ、ありとあらゆる汚物をなげつけられて嘲笑された。

四旬節の聖木曜日の夜になると、何千人という信者たちが松明をかかげてサン・ピエトロ大聖堂めざして行列した。その中には、血が流れるまで自分の背中を鞭打つ五〇〇人の修行僧もいた。聖土曜日には聖ペトロと聖パウロの作り物の頭部がサン・ジョヴァンニ・イン・ラテラーノ聖堂に飾られた。

いちばん頻繁に行われた娯楽は公開処刑だった。両親はそれを子供たちに見せようと連れて行った。時には異端者が、男色家と同じように火あぶりにされた。「カラヴァッジョはサンタンジェロ橋や市の城門の上で腐っていく無数の首を見たにちがいない。」

サン・ジョヴァンニ・イン・ラテラーノ聖堂
©Marie-Lan Nguyen / Wikimedia Commons

飢饉がない時でも、無数の乞食や親のない子供たちが路上で腹を空かしていた。多数の売春婦が広める性病も流行していた。道路には人間の排泄物が散乱していた。「その上ローマは一六世紀の基準から見ても、この上なく危険な都市だった。もしカラヴァッジョが暴力的な人間になったのだとすれば、この都市がもつ暴力性や野蛮さにもある程度責任があったのかもしれない。」（スアード前掲書）
ここに挙げたスアードの記述は、ほぼ間違いなく、フランス啓蒙主義の思想家モンテーニュ（Michel Eyquem de Montaigne、一五三三—九二年）の著書『モンテーニュ旅日記』を下敷きにしている。著者が一五八〇年から翌年にかけて、イタリアを旅した記録である。そこに、ローマで見た四旬節の行列に関する生き生きとした記述がある。若きカラヴァッジョがローマに入る、およそ十年前の情景である。これをスアードは参考にしたのだろう。

もちろん、一六世紀末のローマと現在のそれとは大きく異なっていよう。現在は明るいウィンドウの高級ブティックが軒を連ね、大勢の観光客が屈託のない笑顔でジェラートを舐めている。だが、四百年以上の時を超えて、現在でもローマの各所に、「歴史と伝説が霧のように立ち込めている」と私は感じる。

革命的転倒

《聖マタイの召命》を見ることができたのは大きな収穫だった。しかし、それ以上に私の心をとらえたのは、《聖マタイの殉教》のほうだった。この絵は、デレク・ジャーマン監督の映画『カラヴァッジョ』(一九八六年)でも、重要な役割を負わされていた。とうとうその実物を目にしたのである。

この絵においても、《召命》と同じく、光が効果的に用いられている。まるで超高速度撮影された写真映像のように、群像が凍り付いて静止し、決定的な危機の一瞬を見る者の視野に焼き付ける。主役は今まさに殺されようとしている聖人ではない。画面中央で美しい半裸体に光を受けて輝いている処刑執行人である。その激しい憤怒、ほとばしる残虐さに目を奪われないでいられるだろ

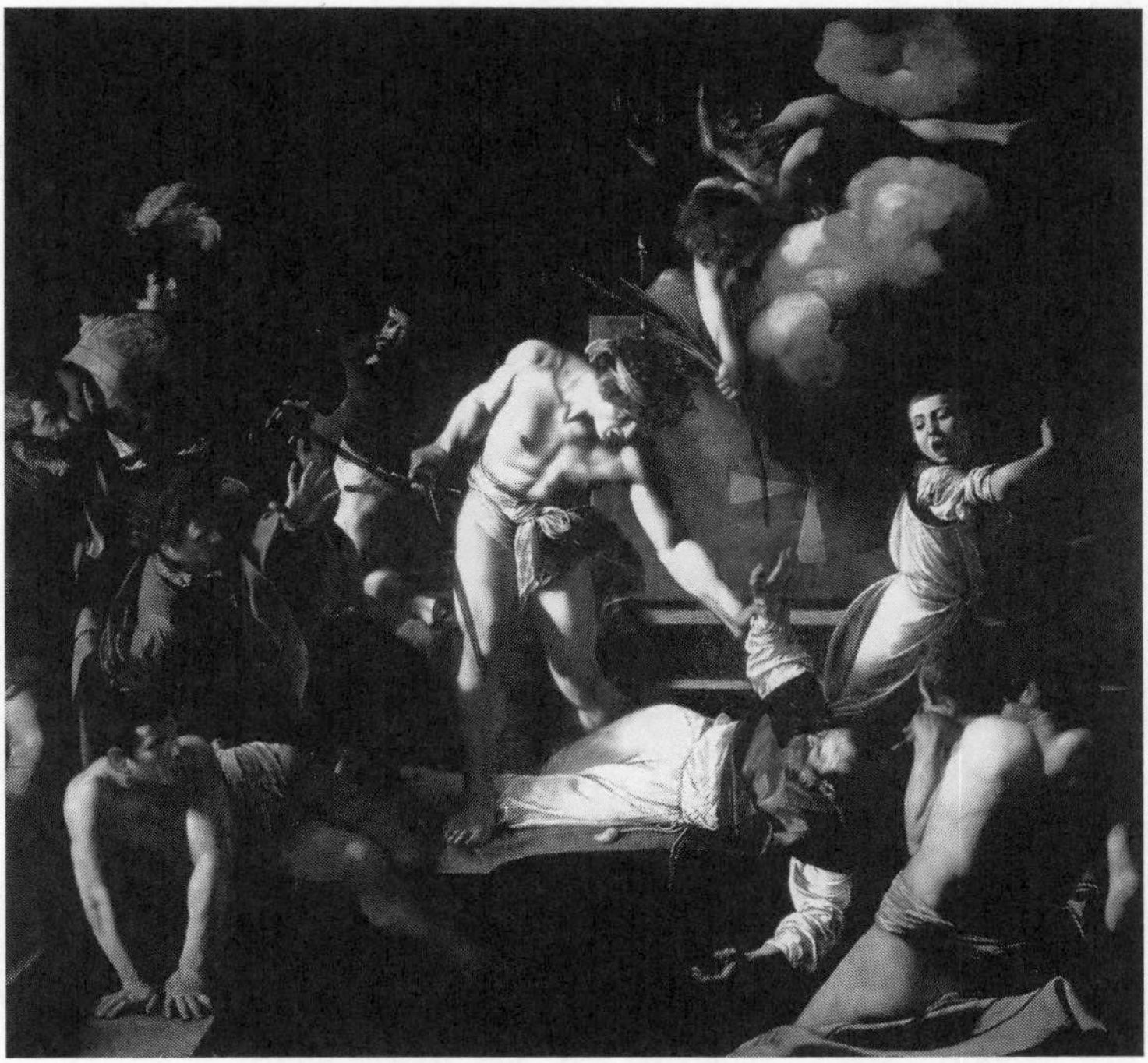

カラヴァッジョ《聖マタイの殉教》(1599-1600年頃)

うか。聖人の手は、天使が差し出す棕櫚(殉教のシンボル)に差し延ばされているが、ついに届かないのだ。

私はかつて《聖トマスの不信》(一六〇一―〇二年)について、カラヴァッジョは画面上で「革命的転倒」を実行した、と述べたことがある(前掲「扉を押し開くもの」)。本来ならイエスが主役であるべき図像の中で、むしろ、イエスの脇腹の聖痕にぐいっと指先を突き入れている疑り深い民衆としてのトマスこそが主役を演じているからである。それと同じ「革命的転倒」がこの《聖マタイの殉教》に見られる。
凍り付いた群像の中でただ一人、他の人物たちとは別の時間に身を置き、まるで舞台演出家のように状況を眺めている者がいる。画面の一番奥から半ば顔をのぞかせている、髭の人物。これはカラヴァッジョの自画像である。
カラヴァッジョとは何者なのか。デズモンド・スアードがバーナード・ベレンソンの言葉を借りて述べている。「すぐに腹をたてる気難しい男だった。狭量で、よこしまで、ねたみ深く、意地悪で、喧嘩早く、路上でいさかいを起こす輩で、そのうえ殺人犯で、たぶんホモセクシュアルだった。」(スアード前掲書)
この絵が描かれた西紀一六〇〇年という年、それはジョルダーノ・ブルーノがこのローマで七年の投獄の末に火刑に処された年でもある。対抗宗教改革という時代、ローマという危険な都市の空気が、「気質的には反逆児だったが、宗教信条においては熱狂的な正統派」(スアード)であるこの若い画家を革命家に育て上げたのだ。人間というものの本性を、その残虐さや愚かさまで含めて、仮借なく描きとることのできる革命家に。

近代人の自画像

私はこの後も、ローマ市内の各所を歩き、カラヴァッジョのめぼしい作品を見てまわった。二五

カラヴァッジョ《ゴリアテの頭をもつダヴィデ》(1609-10年頃)

カラヴァッジョ《病めるバッカス》(1593年頃)

日はボルゲーゼ美術館を訪れた。この美術館は予約が必要なので、九時に予約し、気持ちよい朝の公園を散歩しながら向かった。カラヴァッジョの《病めるバッカス》《ゴリアテの頭をもつダヴィデ》《馬丁の聖母》を見る。《果物かごと青年》は貸し出し中で不在だった。ローマを離れる前日にバルベリーニ宮国立古典絵画館の《ナルシス》《ホロフェルネスの首を切るユーディット》を見た。そのどれもが、周囲の絵とまったく次元の異なる迫真力で迫ってくる。

殺人を犯し、お尋ね者となってローマから逃げ出したカラヴァッジョは、恩赦とローマへの帰還を熱望しながらナポリ、マルタ、シチリアを流浪し、滞在した先々で比類のない作品を残した。私が見たものはその一部に過ぎない。見れば見るほど、そのすべてを見きわめたいという新たな欲望が湧いてくる。遥か地中海上の

カラヴァッジョ《洗礼者聖ヨハネの斬首》(1608年頃)

マルタ島まで足を延ばして、最晩年の傑作《洗礼者聖ヨハネの斬首》をこの眼で見たいという、ほとんど生理的な欲望が。

カラヴァッジョは生涯に一ダースほど、斬首をモチーフとする絵を描いている。斬首に魅入られた画家ともいえよう。ナポリで描かれた《ゴリアテの頭をもつダヴィデ》(一六〇九―一〇年)のゴリアテは、自画像である。二つの眼は別々の反応を示している。左の眼には生命の残光が感じられるが、右眼はすでに濁っている。カラヴァッジョは自分に絶望しながら、その自分を徹底的に見つめている。こういう自画像を描くことのできるのは、きわめて「近代的な自我」ではないだろうか。私はそのことに驚嘆を禁じえない。

ああ、なんと酷薄無残なことだろう……。

カラヴァッジョという人物が残酷なのではな

い。彼の妥協のない描写が、人間の残酷さ、現実そのものの残酷さに拮抗しているのだ。

＊この章は、「こころ」（Vol.21、二〇一四年、平凡社）に掲載された同題のエッセーの内容と重複する部分があることをお断りしておく。

ローマ（II）

人間はよくならなかった

今回のイタリア旅行のもう一つの目的は、イタリア文学者・河島英昭先生の著書『イタリア・ユダヤ人の風景』（岩波書店、二〇一五年）の導きを頼りに、ユダヤ人たちの痕跡をたどり、旅の最後にプリーモ・レーヴィの墓に三度目の訪問をすることだった。

プリーモ・レーヴィ（Primo Michele Levi　一九一九―八七年）はユダヤ系イタリア人であり、アウシュヴィッツ強制収容所の生存者だった。収容所からの生還後すぐに『これが人間か』（一九四七年）と題する証言の書を著し、最後の作品『溺れるものと救われるもの』（一九八六年）刊行の翌年、トリノの自宅で自殺した。

一九九六年一月、プリーモ・レーヴィの墓と、自殺の現場でもある生家を自分の眼で見るため私はトリノに出かけた。最初のトリノ訪問から帰った私は、その経験をもとに『プリーモ・レーヴィへの旅』という著書をものした。その著書（日本版原書）が初版から一五年が過ぎたことし（二〇一四年）『新版　プリーモ・レーヴィへの旅――アウシュヴィッツは終わるのか？』（晃洋書房）として刊行されることになり、もう一度トリノを訪れて一文を追加することを思い立ったのである。

その間、二〇〇二年にはNHK放送のチームとトリノを再訪しドキュメンタリー「アウシュヴィッツ証言者はなぜ自殺したのか」を撮影。レーヴィ没後二〇年にあたる二〇〇七年には、フィレンツェ大学で行われた記念行事に参席し、同大学出版会から刊行された記念論集に私も「東京とソウルでレーヴィを読む」と題する一文を寄せた。まさしくレーヴィへの関心が私とイタリアを強く結びつけてきたといえる。

ローマ到着の翌日（二〇一四年二月二二日）、サン・ルイージ・ディ・フランチェージ教会でカラヴァッジョの《聖マタイの霊感》《聖マタイの召命》《聖マタイの殉教》を見た。午後には宿所のすぐそばのヴァチカン博物館を訪れた。幸運にも客が少ない。システィーナ礼拝堂を見てFの念願を果たしてから、ピナコテーカ（絵画館）にてカラヴァッジョ《キリスト降架》、ダ・ヴィンチ《聖ヒエロニムス》、ラファエロ《キリストの変容》などとともに、プッサン《聖エラスムスの殉教》に再会した。

十四救難聖人の一人聖エラスムスが、ローマ皇帝ディオクレティアヌスの迫害により、ありとあらゆる拷問の末に腹を切り裂かれ巻轆轤《まきろくろ》で内臓を引きずり出され殉教したという伝説を描いたもの

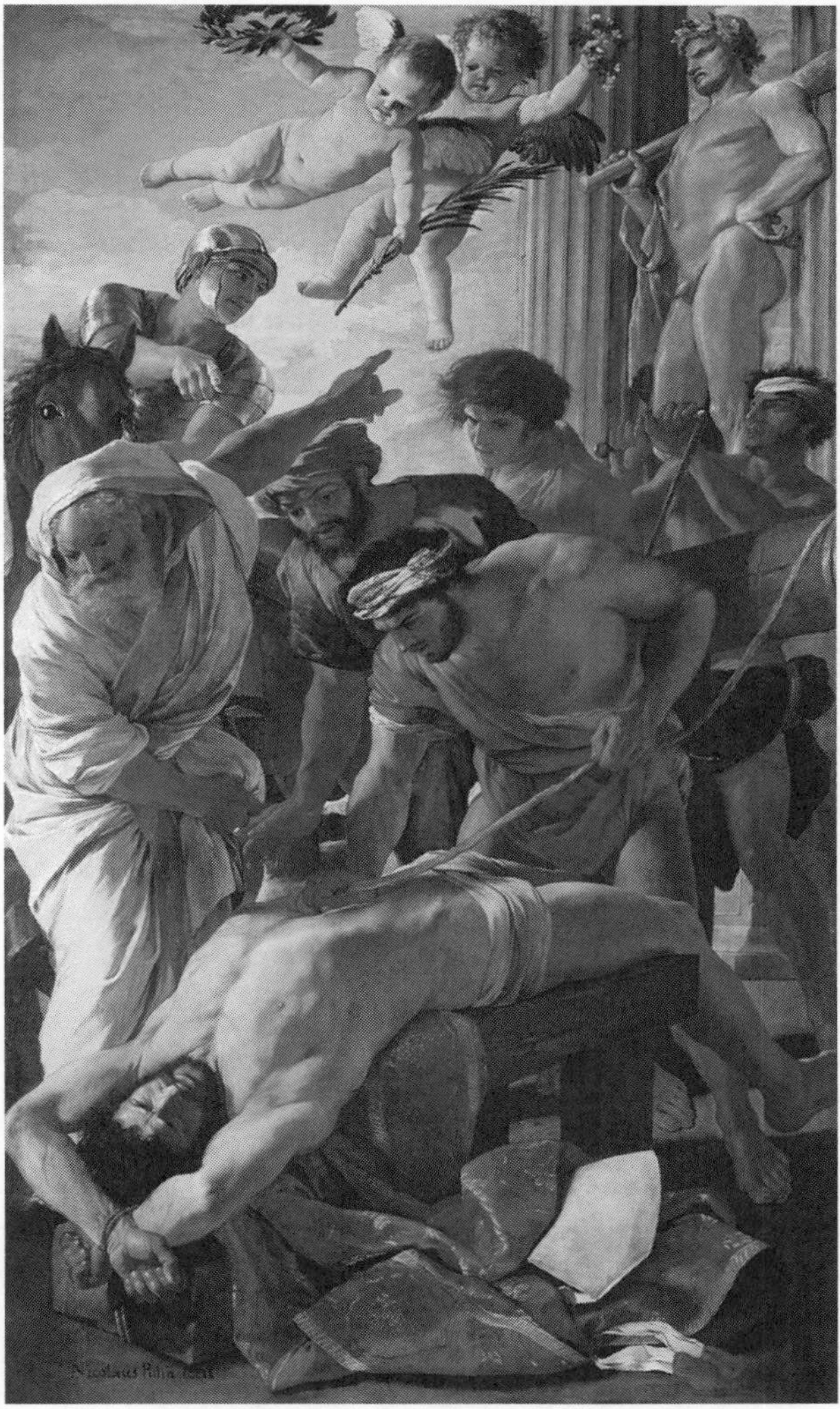

プッサン《聖エラスムスの殉教》(1629年)

である。むかしの私は、身に迫る現実感を覚えながらこの絵を見つめた。死にたいと思ったことはないが、自分が長く生きるとも思えなかった。

一九八〇年と八三年に母と父が相次いで世を去ってから、初めてのヨーロッパ旅行に出たのだったが、いまの私は、当時の父母の年齢を過ぎてしまった。自分が六〇歳を過ぎて再びこの絵の前に立っていることを不思議に感じる。そして、自分は相変わらず悲観的であるが、その悲観の質がすこし変化していることに気づいている。むかしの私は自分が陰湿な暗い地下室に閉じ込められており、どこにも出口がないと感じていた。いまの私は、こんなにも長い歴史を経て、こんなにも多くの残酷を経験したにもかかわらず、人間がすこしもよくならなかったということを悲観しているのである。

二三日は早朝からボルゲーゼ公園に向かい、園内の国立近代美術館でフォンタナ、ジャコメッティ、キリコ、シローネ、ロッソなどイタリア近代画家たちの作品、それに作者名は記憶していないが、画面最上部にムッソリーニの肖像を描いたファシズム絵画の大壁画を見た。それは私にロシア・アヴァンギャルドと相似する印象を与えた。

夕刻には遠くまでバスに乗って出かけ、小さな教会の地下で、マンドリーノと通奏低音の演奏を聴いた。スカルラッテイなど一七、一八世紀の楽曲を全六曲とアンコール一曲。禿頭肥満のマンドリーノ奏者は終始憂鬱な表情。通奏低音奏者は教師のような生真面目な中年女性。両者の息はぴったりで、地味だが良い演奏だった。一七世紀のイタリア……この典雅な楽曲とあのカラヴァッジョやプッサンの描く残酷とが共存する世界。人間存在そのもののように不可解で、魅惑的である。

惨劇

二四日月曜日、リソルジメント広場からバス八一番にて、旧ユダヤ人街に向かった。それは、朝の光を受けて蛇行するテヴェレ河に沿って残る古代遺跡・マルケルス劇場のそばにある。劇場はカエサルが着工し、紀元一一年、オクタビアヌス帝の時代に完成した。当時は一万五千人を収容する大劇場であった。

マルケルス劇場遺跡

ユダヤ教シナゴーグ

劇場遺跡のかたわらに立派なシナゴーグがある。河島先生の著書で、隣接するユダヤ博物館の壁面に刻まれた反ファシズム運動犠牲者の碑銘の中に、レオ

ローマのユダヤ人街 ©Gobbler at wikivoyage shared / Wikimedia Commons

ーネ・ギンツブルグを記念する一行があると知って、それを確かめた。レオーネは『ある家族の会話』で知られる小説家ナターリアの夫であり、『チーズとうじ虫』で知られる歴史家カルロの父でもある。

あたり一帯がユダヤ人街だ。私が訪れたのは二月にしては異常なほど暖かい日だった。かつてヴェネツィアやトリノのゲットー跡を訪れたことがあるが、みな同じように建物の窓が低い。一階ごとの天井が低いのである。多くの人々が狭い地域に閉じ込められて、密集して生活していたなごりである。いまも、キッパと呼ばれる伝統的なユダヤ教徒の帽子を被って行き交う人々の姿が目につく。

明るい春の陽を受ける街の相貌は、一見して平和そのものである。ユダヤの伝統的な菓子を売る店に入って大きなタルトを切り売りしてもらい、店頭の椅子に座ってFと分けあった。美味しいが、私にはすこし甘すぎる。

この街で、いわゆる「ローマの惨劇」が起きたのだ。一九四三年九月二六日、イタリア北半部を事実上占領していたナチス・ドイツのSS隊長ヘルベルト・カプラーはユダヤ共同体の長を呼び出して、二〇〇名の人質か、さもなければ金塊五〇キロを差し出せと要求した。

難題を突きつけられたユダヤ共同体では、一人の若者が「金塊ではなく鉛の銃弾を！」と、抵抗闘争を主張したが、この主張は共同体の幹部に退けられた。ユダヤ人たちは一日半という期限のうちに要求された巨額の金塊を集めるべく金策に奔走した。ローマ教皇庁からも不足した場合の援助申し出があり、噂を知った非ユダヤ人市民の間からも匿名で金製品の提供を申し出る者があった。

期限ぎりぎりに指定された量を満たす金塊が集められ、ナチ秘密警察本部に運び込まれたが、応対に出た秘密警察大尉は受領証の発給を拒否した。その翌朝、ナチSS部隊がユダヤ共同体に押し入り、あらゆる記録、文書、貴金属、現金を押収して去った。

一〇月一六日、土曜日早朝。イタリアにおける最初のユダヤ人一斉逮捕が始まった。この時拘束された者の数は一〇二二名。その中には、非ユダヤ人女性一名が含まれていた。自分が保護していた、身体が不自由なユダヤ人孤児と運命をともにしたのである。

これらの虜囚は二日後には家畜用の貨車一八輌に積み込まれ、アウシュヴィッツに向かって移送されていった。水も食べ物も与えられないままの苛酷な移送の過程で少なからぬものが死亡し、その死体は途中の停車場で次々に落とされた。この一〇二二名のうち、戦後に生還した者は一五名であるという。古代でも中世でもなく、つい先頃起きた出来事である。（以上の記述は河島英昭前掲書による。）

旧ユダヤ人街で甘い菓子と濃いコーヒーを嗜んでいる私の脳裏に、凄惨なイメージが満ちた。それは、カラヴァッジョの描いた世界に重なっている。

「ローマの惨劇」はヨーロッパ・ユダヤ人の経験した受難の全体から見れば、ほんの小さな一挿話にすぎない。ローマという場所に身を置くと、それすらも古代から繰り返されてきた数々の惨劇の一コマに過ぎないという感覚にとらわれる。

だが、その一方で、もはや古代ではないはずの二〇世紀、関係者たちがまだ存命しているというごく近い過去に、その惨劇があったのだということ、そして二一世紀の現在も私たちは、そんな酷薄無残な現実を抜け出すすべを知らないのだという事実に、あらためて呆然とさせられる。

いずこへ？

旧ユダヤ人街から離れ、ドーリア・パンフィーリ宮美術館でカラヴァッジョ《エジプトへの逃避中の休息》、ヴェラスケス《イノケンティウス一〇世像》、フィリピノ・リッピ《受胎告知》などを見てから、近くのカフェ「ラ・グランカフェ・ラ・カフェティエーラ」で一休みした。この店はナポリが本店の老舗である。内装調度も重厚で立派だ。給仕のサーヴィスも丁重である。ただし、その頬に恐ろしげな傷痕があるが……。

いったん帰館したのち、午後はポポロ広場のサンタ・マリア・デル・ポポロ教会を訪れた。ここにはカラヴァッジョの《聖パオロの改宗》と《聖ペトロの逆さ磔》がある。

新約聖書の伝承によればイエスの最初の弟子ピエトロ（ペトロ）は、イエスにより「ケファ」（アラム語で岩の断片、石という意味）というあだ名で呼ばれ、のちに同じ言葉のギリシア語訳である「ペトロス」という呼び名で知られるようになる。伝承によると、ローマへ宣教し、ネロ帝の迫害下で逆さ十字架にかけられて殉教した。

サンタ・マリア・デル・ポポロ教会

イエスが逮捕された時、お前はイエスとともにいたかと問われたペトロは、知らないと三度否認し、あとになって激しく泣いたという伝承（「ペトロの否認」マタイ福音書二六章六九―七五節）がある。また、ペトロが迫害の激化したローマから避難しようとアッピア街道をゆくと、師のイエスが反対側から歩いてくるのに出会う。彼が「主よ、どこへいかれるのですか？ Domine, quo vadis?」と問うと、イエスは「あなたが私の民を見捨てるのなら、私はもう一度十字架にかけられるためにローマへ」と答えた。それを聞いた彼は、殉教を覚悟してローマへ戻ったという。ペトロは心弱い人物であったようだ。だからこそ、その伝承を聞いた心弱い者たちが共感を覚える。そのように、物語ができているのである。

カトリック教会ではペトロを初代教皇としている。ロー

カラヴァッジョ《聖ペトロの逆さ磔》(1600-01 年頃)

マ郊外ヴァチカンの丘にあったペトロの墓と伝えられる場所に後世になって建てられたのがサン・ピエトロ大聖堂である。

別の時のこと、駅で列車を待っていると、スニーカーを履いたスリらしき男たちが三回も近寄ってきて、断りもなく私のスーツケースに手をかけようとする。ぼんやりしていると、スーツケースを持ち去られそうで気が気ではない。「私に触るな Don't touch me!」と大声の英語で撃退する。そう言ったあとで、イタリア語（ラテン語）ではどう言うのかなと考え、ヨハネ福音書の「ノリ・メ・タンゲレ Noli me tangere 我にふれるな」を連想して苦笑してしまった。

ヨハネ福音書によると、マグダラのマリアは復活したイエスに最初に会った女性である。イエスを葬った墓にマリアが来てみると墓穴を覆っていた石が取り除けられ、死体がなくなっていた。「誰かが私の主の死体を取っていった」とマリアが泣いていると、背後にイエスが現れ、彼女に「マリア」と呼びかけた。マリアが「先生」と呼びながら駆け寄ろうとすると、イエスは「わたしにさわってはいけない。わたしは、まだ父のみもとに上っていないのだから」と言った、という話。西洋絵画に繰り返し現れる主題である。

そういえば、到着早々この駅で出遭った女性が、私に「どちらへ?」と尋ねたことも思い出した。前章で語った、釣り銭狙いの女性である。あれは「クオ・ヴァディス? quo vadis」だったのか……。この古い街でいくつも教会を巡り宗教画ばかりながめていると、まるで中毒症にでもかかったように、スリや詐欺師たちが、キリスト教伝承中の人物のように見えてくる。

呪われた芸術家たち

ポポロ広場に戻り、人波をかき分けるようにしてコルソ街を歩いていると、通りがかりにある美術展のポスターが目に入った。展覧会名は英語では「The exhibition Modigliani, Soutine and the accursed artists」となっていた。accursed とは「呪われた」という意味だろうか、それとも単に「悲運の」という程度の意味か？ 慌てて会場のチッポラ宮に跳び込んでみた。ジョナス・ネッター・コレクションの所蔵品を展示するもので、パリとミラノでの大成功のあと、ローマに巡回してきたのだという。こういう展示に出遭えたのは想定外の幸運である。

私が愛してやまないモジリアーニやスーティンのほか、シュザンヌ・バラドン、ユトリロなど、この二人と同時代の画家たちの名品が所狭しと並んでいた。モジリアーニの不幸な愛人としてのみ知っていたジャンヌ・エビュテルヌの作品も二点（カンバスに裏表）あった。そのほか今まで見たことのないユダヤ系の画家たちの作品が多く展示されていた。

私が子供だった頃（五〇年代末から六〇年代）の日本で、モジリアーニやスーティンの人気は、ルオーとともに、絶大なものであった。いまも東京の国立西洋美術館など主な美術館にこれらの画家の作品が所蔵されている。モジリアーニの実作品を見たのと、彼の生涯をテーマにした映画『モンパルナスの灯（Les amants de Montparnasse）』を見たのと、どちらが最初だったか……。ジェラー

モジリアーニ《青服を着た少女》（1918年頃）（複製）

「モジリアーニとスーティン展」ポスター

ル・フィリップが主演し、アヌーク・エーメが愛人ジャンヌを、リノ・ヴァンチュラが悪徳画商を演じた『モンパルナスの灯』は一九五八年公開のフランス映画（日本公開も同年）である。その時私は七歳だったことになるので、公開と同時に見たはずはない。おそらく中学に入ってから、テレビの「名画劇場」かなにかで見たのだろう。その記憶はいまも鮮烈だ。六〇年代以後は日本各地の美術館でモジリアーニを飽くことなく見てまわった。

　私が最も好んだ作品は《青服を着た少女》（一九一八年）である。モジリアーニは彼の画室のあったモンパルナス近隣の貧しい子供たちをよく描いた。この少女の表情は、子供らしい天真爛漫さよりも、むしろこれからの人生の苦難を見つめているような緊張を宿している。この絵をどこで見たのかもうはっきりとは思い出せないが、おそらく京都市美術館での展覧会に出品されていたのだと思う。複製画を買って帰宅し、長い間、自宅の階段上に架けておいた。私の母も妹も、この絵を好んだ。生涯労働に明け暮れて学校や美術館とは縁遠かった母だが、ここに描かれた少女に、特別な共感を覚えていたのだろう。その母が不幸に世を去ったのは韓国が軍事政権時代の真っ盛りにあった一九八〇年のことだ。あの複製画も、どこへやったのか、失われて久しい。

モジリアーニ

「時代精神」というのだろうか、第一次世界大戦終戦後の一九二〇年代、「エコール・ド・パリ」の空気を伝えるモジリアーニやスーティンの作品は、たしかにどこか、第二次世界大戦終戦後、五〇年代六〇年代の日本社会の空気と共鳴していた。貧困や疾病に斃れる天才たちの作品が憧れの的になったのは、多くの死を目にし戦争で疲弊した人々の中に、生きることの意味や美を現世的で実利的な成功以外の何かに求めようとする気分が満ちていたからだろう。日本ではいま四十代以下の年齢の人たちの多くは、モジリアーニやスーティンといっても、心が動かないようだ。過去三〇年間、社会全体が新自由主義的価値観に席巻されたために、そのような気分がほとんど消え去ってしまった。だから、思いがけずローマでモジリアーニに再会した私は、まるで、すでに世を去った人たちに、そして若かった頃の自分自身に再会したような奇妙な思いにとらわれるのである。

アメデオ・モジリアーニ（Amedeo Clemente Modigliani、一八八四―一九二〇年）は一八八四年にイタリア・トスカーナ地方の海港都市リヴォルノに生まれた。両親はともにセファルディ系のユダヤ人である。家業が倒産して生計は苦しかったが、理解ある母の助けで一四歳から画家修業を始めた。しかし、早くも一六歳の時に、のちに彼の命を奪うことになる結核に罹患している。一九〇六年一月パリへ移住。モンマルトルで活動を始め、パブロ・ピカソ、ギヨーム・アポリネール、アンドレ・ドラン、ディエゴ・リベラらと交流を結んだ。〇九年にモンパルナスに移り、ここで彫刻家コンスタンティン・ブランクーシと知り合った。一五年頃から彫刻制作を中断して絵画に専念し、シャイム・スーティン、モーリス・ユトリロとも交友関係を結んだ。一六年には、ポーランド人の画商レオポルド・ズボロフスキーと親しく交わり専属契約を結んだ。

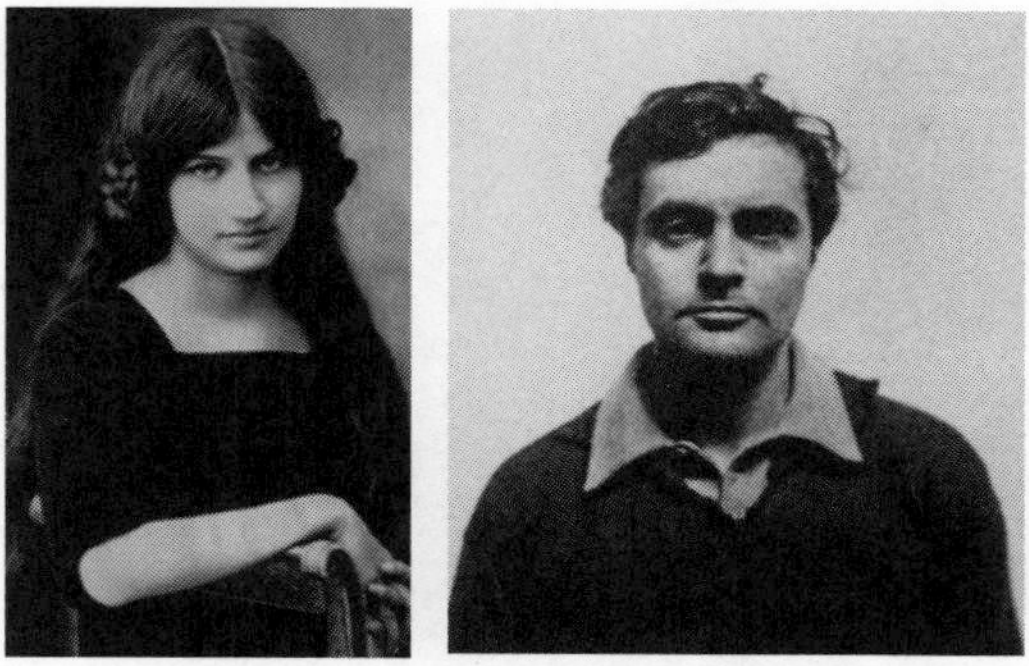

モジリアーニとジャンヌ・エビュテルヌ

　一九一七年、画学校で知り合ったジャンヌ・エビュテルヌと同棲を始める。一八年転地療養のためニースに滞在する。同年一一月二九日長女ジャンヌが誕生。この娘は長じて美術研究者となり、父の評伝『モディリアニ――人と神話』（原著一九五九年）を著した。

　モジリアーニは一九一九年七月にジャンヌ・エビュテルヌに

結婚を誓約したが、その約束を果たすことができないまま、一九二〇年一月二四日、結核性髄膜炎により死亡した。最後の言葉は「懐かしいイタリア！ Cara Italia!」だった。

ジャンヌもモジリアーニの死の二日後、自宅から飛び降り自殺。この時妊娠九か月だったという。一九二〇年の新聞にはモジリアーニの死をめぐる記事や論評が多く現れた。詩人のフランシス・カルロがその生涯を次のように要約している。

「貧乏と苦労、否定による陳腐からの逃避、超越への願い、罪に対する渇望、そして抜け目ない連中の物笑いの種に好んでなること、それらによって際立った生涯。それはいかにも芸術家の生涯、乾坤一擲の生涯だ。」（アルフレッド・ヴェルナー解説、宇佐見英治訳『MODIGLIANI』美術出版社「世界の巨匠」シリーズ、一九六七年）

ジャンヌの家族がユダヤ人との結婚に反対していたため、二人がともに葬られたのは死後一〇年後のことだった。もうずいぶん以前のこと、Fとともにパリのペール・ラシェーズ墓地に二人の墓を訪れたことがある。モジリアーニに捧げる墓碑銘に「まさに栄光に届かんとするとき、死が彼を連れ去る」とあり、ジャンヌへのそれには「すべてを捧げた献身的な伴侶」とあった。

スーティン

別の時、モンパルナス墓地に、スーティンの墓を訪ねたこともある。その墓地にはジャン＝ポー

モジリアーニ《シャイム・スーティンの肖像》(1917年頃)

スーティン

ル・サルトルとシモーヌ・ド・ボーボワールも葬られている。
シャイム・スーティン(Chaïm Soutine、一八九三—一九四三年)は一八九三年、帝政ロシアのミンスク近郊のユダヤ人村に生まれた。衣類の修繕を生業としていた父は芸術に理解がなく、兄弟たちも「ユダヤ人が絵など描くものじゃない」と、しばしば彼を殴った。一九一〇年、リトアニアのヴィルナで画塾に入った彼は、一九歳になった一二年、フランス革命記念日にパリに出た。
二〇世紀初頭、第一次世界大戦前後のパリは、さまざまな異邦人が世界中から集まる都市だった。とくに東欧のユダヤ人たちは、近代化にともなって伝統的な生活様式が破壊されるとともに、ポグロム(反ユダヤ暴動)に脅かされもして、世界各地に離散した。正統派ユダヤ教徒は偶像崇拝禁止という戒律の故に具象的な美術制作は禁忌視されていたが、シャガールが『わが回想』で述べているとおり、この頃から美術の中心地であったパリに出てくる例が多くなった。シャガール以外にも、エコール・ド・パリのユダヤ系美術家として、キスリング、ザッキン、リップシッツ、それにスーティンを挙げることができる。モジリアーニとスーティンは一〇歳の年齢差があるが、とくに親しい間柄だった。彼とモジリアーニ、それにユトリロを加えた三人は名うての飲んだくれだった。モジリアーニは病状が悪化したとき、友人の画商ズボロウスキーにこう言った。「心配することはないさ、ぼくはきみにスーティンという天才を残してゆく」。

アメリカ人美術収集家、アルバート・バーンズに作品を買い上げられ、生活の安定を得たのちでさえ、スーティンは「無口で、孤独で、人間不信に凝り固まっており、すこしも外交的な面のない男」だった。彼の恋人ゲルダ・グロードはナチの台頭に追われてドイツから逃れてきたユダヤ人である。

スーティンも日本では人気の画家で、各地の美術館に優れた所蔵品がある。上野の国立西洋美術館にある真っ赤な服を着た《狂女》は、私のお気に入りだ。できるだけ毎年、学生を引率して行って、見せるようにしている。現代の若者が、こういう激しい表現に接してどう反応するかを見定めたいという気持ちが私にはある。

美術史家の中には、モジリアーニがもっと節制に心がけて健康を維持していたら、ピカソやシャガールのように長生きして名声の成果を楽しんだだろう、というものもいる。だが、そうだろうか？

　モジリアーニの死から一二年後、ドイツではナチ党が政権を掌握し、反ユダヤ政策を実行に移した。彼の故国イタリアでも一九三八年、ムッソリーニの率いるファシスト党によってナチに倣った人種法が施行された。三九年、ナチス・ドイツがフランスに侵攻してきた時、スーティンとゲルダはオーセール近郊の村にいたが、フランス内務省が「敵性外国人」の禁足を命じたため、国籍の上では「ロシア人」と「ドイツ人」である二人はその村に閉じ込められた。その後、ゲルダはフランス政府によって南フランスのキャンプに収容され、スーティンは別の愛人とともに中部フランスの村々を転々としたのち、一九四三年八月九日、穿孔性胃潰瘍のためパリで死んだ。ポグロムの記憶とナチズムの悪夢に追い立てられた結果の死である。モンパルナス墓地での埋葬にはジャン・コクトーが立ち会ったという。モジリアーニがこの時まで生きていたら、スーティンと同じような運命をたどったかもしれない。かくも執拗かつ冷血な運命の鉤爪から、彼は逃れることができただろうか？

スーティン《狂女》（1920 年）

　ローマの一夜、思いがけなく跳び込んだ美術展で、エコール・ド・パリで特異な輝きを放ったユダヤ人画家たちの作品に再会した。私の脳は陶然としながらも、その一部は臆病に覚醒していて、今朝がた訪れた旧ゲットーの光景と「ローマの惨劇」のイメージが断続的に明滅した。チッポラ宮を出るとすっかり夜のとばりが降りていて、商店のウィンドウに照らされたコルソ街に人波が溢れていた。

時と美

二五日午後はポポロ広場に離接するフラミニオ広場から路面電車に乗って国立二一世紀美術館へ向かった。古代都市ローマには不似合いともいえる、巨大なコンテンポラリー・アート美術館である。一九九九年に行なわれた設計コンペティションから一一年、総工費一億五千万ユーロの巨費を投じて二〇一〇年五月に開館した。設計は現代建築における脱構築主義を代表するイラク出身の女性建築家ザハ・ハディド。（私がこの美術館を訪れた当時はまだ存命中だったが、二〇二〇年東京オリンピックのメイン会場建設の設計撤回騒動の末、二〇一六年三月三一日、心臓発作のため急死した。）

会場が広大な上、展示作品はどれもみな面白く、ここにその詳細を記すことはとてもできない。ただ一点だけ、Fが発見して熱狂的に喜んだ映像作品を挙げておく。とはいっても、私は疲れ果てていて、作家名をメモすることもできなかった。作品名はたしか、《Provenance》だったと記憶する。由来、起源、来歴などという意味である。

熱帯らしい風景の中、モダン建築の廃墟とも見える建物が立つ。人影は見えず、チョロチョロと動き回る影は、小型の猿である。猿は建物の壁や柱を駆け登る。どうやらそこは、図書館か大学らしい。しばらく見ていると、事務作業や授業の風景が現れる。部屋の隅や廊下に、廃棄書類とともに、古くなった椅子や机が乱雑に積み上げられている。カメラが近づくと、その椅子の背に「ル・コルビュジエ」というサインが記されているのが見えた。

この場所は、ル・コルビュジエによる都市計画で国際的に知られた、インド北部の都市チャンディーガル（Chandigarh）なのだった。

一九四七年のインド・パキスタン分離独立の際、新たにパンジャーブ州の州都として建設された、当時の最先端都市である。都市の名は、ヒンドゥー教のチャンディー女神に由来する。独立インド初代首相ジャワハルラール・ネルーはチャンディーガルについて「過去の伝統に束縛されない、将来の新しい国家の信条のシンボル」だと宣言し、都市計画はル・コルビュジエによって一九五〇年代に実行された。この仕事のため、ル・コルビュジエはインドに二十数回渡航したという。

国立二一世紀美術館

今回見た映像作品は、半世紀前の最先端都市の現在の姿ということになる。映像の最後は、老朽化したチャンディーガル大学から運び出されたル・コルビュジエ作の家具類が梱包され、船に積まれ、大洋を渡る。それは、ロンドンのサザビーで競売に付されて、驚くほどの高値で競落されるのであった。これが作品名の含意であろう。

コロセウムなどローマ時代の建築遺跡に埋め尽くされた古代都市に建てられた、最先端の脱構築主義建築様式の二一世紀美術館。そこで上映されたこの作品によって、ル・コルビュジエのモダニズム建築がわずか半世紀のうちに遺跡化し、さらにその備品が古美術品のような価値を主張しはじめる場面を見た、ということになる。「時」や「美」の意味を深く考えさせるアートであった。

トリエステ行きで

ローマを去る日、早朝六時半に思い切って散歩に出てサン・ピエトロ大聖堂まで歩いた。この大聖堂の創建は四世紀であり、一六二六年に完成した現在の聖堂は二代目にあたる。ブラマンテ、ラファエロ、ミケランジェロらが設計建築にかかわったルネサンス時代の最先端建築である。

Fは約四〇年前の大学生時代に初めて訪れて以来三度目、私は二七年ぶり二度目の訪問である。早朝なので開門まで少し待ったが、おかげで来場者は少なかった。正面から入って右手の礼拝堂に、ミケランジェロの《ピエタ》がある。純白の大理石でできた、実に美しい彫像だ。だが、慈母というには美しすぎる。その慈母像を、来場者たちはガラス越しに眺めるのである。「あの時はピエタの足に触ったよ」とFが言った。四〇年前はこんなふうにガラスに囲まれていなかったという意味である。

帰館して荷物をまとめ、一〇時少し前にテルミニ駅に着いた。三番線より一〇時半発の特急トリエステ行きに乗るのである。新幹線のような高速列車にせず、あえて在来線特急にしたのは、それが乗り換えなしでフェッラーラに停車する唯一の列車だったからだ（高速特急はボローニャで乗り換え）。

サン・ピエトロ大聖堂 ©Alvesgaspar

二月二七日、定刻の一〇時半から一〇分遅れで私たちの乗車したトリエステ行き特急は音もなく発車した。一五時一六分にフェッラーラ到着の予定である。このまま乗っていればヴェネツィアを経て終着駅のトリエステまで行くことができるのに、と思う。

ヴェネツィアは何回か訪れたが、トリエステにはまだ行ったことがない。河島先生の前掲書によると、元オーストリア・ハンガリー帝国領のこの海港都市にも、ユダヤ人街とナチズム・ファシズムによる暴力の忌まわしい痕跡が残っている。とくに郊外のサン・サッパという場所には精米所を改造した「中継収容所兼絶滅収容所」跡があるという。「ローマの惨劇」はローマだけの出来

サン・サッバ「中継収容所兼絶滅収容所」（旧精米所）
©Zapping (assumed) / Wikimedia Commons

事では、もちろんなかった。トリエステにも行ってみたい、いや、行かなければならない、そう思うが、今回そこまで足を延ばすことはできない。

フェッラーラ

ベルリングェル

ローマ・テルミニ駅を一〇分遅れで発車したトリエステ行き列車は、のんびり北上しはじめた。オルビエート、キャンチャーノ・テルメ、アレッツォ、フィレンツェと経由して、ボローニャからはミラノ方向にではなく、北東方向に分岐しヴェネツィアを経て終着トリエステへと向かう。そのボローニャとヴェネツィアの中間あたりに目的地フェッラーラがある。

オルビエートにはむかし、大聖堂に描かれたルカ・シニョレッリ（Luca Signorelli、一四五〇―一五二三年）の壁画を見るために来たことがある。めまいがするほど眩しい午後であった。堂々と立つ大聖堂にたどり着くと、薄暗いサン・ブリーツィオ礼拝堂の天井と壁に、ルカ・シニョレッリの《最後の審判》（一五〇〇―〇四年）があった。右の壁に描かれているのは《ダンテの『神曲』地獄編》である。ミケランジェロによるシスティーナ礼拝堂の《最後の審判》（一五三五―四一年）（一

ルカ・シニョレッリ《最後の審判》（1500-04年）

七〇頁）は、このシニョレッリに霊感を得たものだという。目的を果たして大聖堂を出ると、また眩しすぎる陽光が襲いかかってきた。いま見たばかりの禍々しい地獄のイメージが脳裡を満たし、激しい喉の渇きを覚えたことを記憶している。

次の停車駅はキャンチャーノ・テルメだ。ここで降りて駅前の道を少し歩くとブルーノのパン屋があるはずだ。ブルーノは私よりすこし年上のはずだ。健在なら、もう七〇歳に近いだろうか。と言っても、私はこの駅で降りたこともないし、ブルーノに会ったこともないのだが。

三十代の頃、韓国の人権抑圧状況を訴えるためニューヨークの人権団体を訪れた私を、友人の若い夫婦が自宅に泊めてくれた。政治犯家族である私を支援してくれる心づもりだったのだろう。夫のミヒャエルは物静かなドイツ人、妻はイタリア人で、リタという名だった。居間に映画俳優かとも思える美男の写真が飾られていた。リタは、ややうっとりした口調で、誇らしそうに「ベルリングェルよ」と言った。それはエンリコ・ベルリングェル（Enrico Berlinguer、一九二二―八四年）の肖像写真であった。

エンリコ・ベルリングェル

いまエンリコ・ベルリングェルの名を憶えている人はどれくらいいるだろうか。彼はイタリア共産党の指導者であった。サルデーニャ島の名家に生まれ、高校時代から社会的関心をもち、大学在学中の一九四三年に共産党に入党した。四四年に反ファシズム蜂起の首謀者として逮捕、投獄されたことがある。四五年末、党中央委員に抜擢され、七二年以降書記長を務めた。七三年チリ反革命（ピノチェット将軍の率いる軍部がアジェンダ社会主義政権を転覆したクーデター）の教訓から、左翼勢力とカトリック勢力の提携を求める「歴史的妥協路線」を提唱した。またチェコスロバキアへのソ連の軍事介入（一九六八年）に抗議し、ソ連共産党からの自主独立を求めるユーロコミュニズムの先駆けとなった。彼の指導のもとでイタリア共産党は支持を拡大し、七六年の総選挙で得票率は三四%以上に達した。その後七〇年代末からの状況変化によって「歴史的妥協路線」は修正を余儀なくされたが、八四年の死に至るまでベルリングェルはユーロコミュニズムの旗手として声望を保ち続けた。私がリタに会ったのは、ベルリングェルの死からまだ日が経たない頃のことである。

ニューヨークでの仕事のあと、私は一人でヨーロッパに渡る予定だった。そのことをリタに告げると、おそらく私がひどく孤独に見えて同情したのだろう、ぜひ自分の生まれ故郷を訪れるようにと勧めた。パン屋の主人ブルーノは幼馴染なので彼を訪ねろ、リタの友だちだと言えばきっと親切にしてくれる、というのである。むしろ独りになりたいと望んでいた私は、生返事ばかり返した。リタはそんな私をもどかしがって、必ず訪ねて行けとブルーノの店の略図と電話番号までメモして私に持たせた。

リタは日本にも来たことがある。その時は私が京都の嵐山や比叡山を案内した。「日本の野山は緑が繁りすぎていて、まるで散髪していない頭みたい」と言っていた。「それに比べると、トスカナの野山は……」そこで一拍おいてから、「……ドルチェ（甘い）」とため息をつくように囁いた。「君のその甘い故郷はどこ?」と尋ねると、「キャンチャーノ・テルメ……」と答えてから、「温泉も出るのよ」と付け加えた。テルメTermeとは、イタリア語で温泉の意である。

「괜찮아《ケンチャナ》か。朝鮮語ではTake it easyとか、Don’t mindという意味だよ」と冗談を返すと、リタは

大きく口を開けて笑った。「それはいい！　私の故郷は Take-it-easy Spring というわけね！」生真面目なミヒャエルは当惑したように黙っていた。

列車がキャンチャーノ・テルメ駅を通過するとき、三〇年ほどむかしのそんなとりとめもない思い出がよみがえった。結局私はリタの故郷には行かず、リタともその後、会わないままだ。いまこの駅を降りたら、リタの教えてくれた街路にブルーノのパン屋はあるのだろうか……。

キャンチャーノ・テルメ
©AndreaAngeli80 / Wikimedia Commons

車窓の外にはなだらかにうねる牧草地と、ブドウ畑が交互に続いた。ブドウ畑はたしかに几帳面に散髪した頭のようにも見える。遠い山々の稜線に古い城塞都市が現れては後方に去る。樹木は、広い野原のところどころに、ジャコメッティの彫刻のように細く立ち尽くしている。光の色はピエロ・デッラ・フランチェスカ（Piero della Francesca、一四一二―九二年）を想わせる。とくに、彼の代表作《キリストの洗礼》を。

ピエロ・デッラ・フランチェスカはアレッツォ近郊の山間、ボルゴ・サンセポルクロという町に靴職人の子として生まれた。《キリストの洗礼》の背景には、生まれ故郷の風景が映し出されている。たしかに東アジアの温帯とは異なる風景。リタが「ドルチェ」と形容したトスカナの風景である。

ピエロ・デッラ・フランチェスカ《キリストの洗礼》(1450年頃)

陽気で親切で、辛辣な社会批評家でもあり、姉か教師のように私に接したリタ、貴族共産主義者ベルリングェルが体現したユーロコミュニズムへの期待、馬鹿げた冗談で人間嫌いな本性を隠そうとしていた若い日の私、すべて遠く去った。人生はこんなにも呆気なく過ぎていく……。

小児の握りこぶしほどの……

列車は定刻にフェッラーラに到着した。ここではインターネットで予約した民泊に滞在する。民泊の女主人の名は、ベアトリーチェという。ダンテ永遠の恋人と同じだ。駅にはベアトリーチェの夫が出迎えに来てくれていて、自分の名はファビアーノだと英語で名乗った。それ以外には英語は話さない。

街路樹に飾られて駅から南東へまっすぐに伸びるカヴール大通りを、ファビアーノのクルマで進んだ。フェッラーラは周囲九キロを城壁に囲まれた小さな都市である。すぐに、見憶えのあるエステンセ城が見えてきた。私はむかし、レンタカーでヴェネツィアからラヴェンナに向かう途中、ほんのちょっとだけ、フェッラーラに立ち寄ったことがある。その時、この城のそばで女性警察官に駐車違反切符を切られそうになり、なんとか見逃してもらって慌てて立ち去ったのだ。その時は、ほとんどこの都市の見るべきものを見ないままだったので、いつかもう一度訪ねなければと思っていた。

遠くアルプスから流れ下ってきた大河ポー川がアドリア海に注ぐこの地域に、広大なデルタ地帯が形成された。フェッラーラはそのデルタの中央、ポー川支流のヴォラーノ川流域に位置する。かつては直接海に面する良港だったが、徐々に堆積した土砂のため海岸線が後退したため港としての機能はなくなって久しい。周辺地域を含めても人口約一三万人という小規模な都市である。一四世紀、エステ家によって整備され、ルネサンス期に文化の中心地の一つとして栄えた。

エステ家は、アルフォンソ二世が嫡子を残すことができなかったため、一五九七年に教皇クレメンス八世によって封土返還を要求され、翌年にフェッラーラ公国は教皇領に編入された。今回、私がフェッラーラに滞在することに決めたのは、もちろんこの都市に残るルネサンス文化や、ここからほど近いラヴェンナを再訪して初期キリスト教のモザイク芸術を堪能することにあったが、そのこと以上に、私の心の中には一つの望みがあったからだ。河島英昭先生の著書（前掲『イタリア・ユダヤ人の風景』）に詳しく紹介された、この地のユダヤ人街の空気を吸ってみたいという望みである。

1600年頃のフェッラーラ地図

インターネットでフェッラーラの宿を探すとき、エステンセ城や大聖堂に近い旧市街の、ヴィーニャタリアータ街というところに民泊を予約した。だいたいこのあたりと見当はつけていたのだ。到着してみると、そこはまさしく旧ユダヤ人居住区（ゲットー）の真ん中だった。ブドウ畑を切り拓いたというその街路には、河島前掲書にあるとおり、「小児の握りこぶしほどの、無数の、粒ぞろいの石の群れ」が敷きつめられていた。ユダヤ人たちがポー河の岸辺から拾い集めてきたものだという。

フェッラーラのユダヤ人街
©Lungoleno / Wikimedia Commons

部屋は古い屋敷の二階で、家主夫妻は五階に住んでいる。室内は近代的に内装されていて、家具調度も立派だった。

翌二八日は、朝からラヴェンナに向かい、サンタッポリナーレ・イン・クラッセ聖堂を再訪。ラヴェンナ市内のダンテの墓を訪れてから夕刻、フェッラーラに戻った。

フェッラーラ駅から散歩してユダヤ博物館に行ってみたが、残念ながら冬季閉館中だった。暮れゆく街路を、およその見当をつけて宿舎の方角へたどった。歴史を感じさせる狭い道はところどころ頑丈そうなアーチで補強されている。路面にはあの「小児の握りこぶしほどの石」が敷きつめられている。地図で確かめるとヴォルテ街という。旧ユダヤ人ゲットーの道だ。柱に錆びた蝶番の跡が残っている。かつては夜になるとゲットーに出入りする街路五か所の鉄門を閉じ、ユダヤ人たちを閉じ込めた名残りである。

フェッラーラの君主エステ家とユダヤ人共同体は良好な関係を保ち宮廷文化の繁栄を分かち合ってきた。しかし、エステ家が途絶え、この地が教皇領に編入されてから、ユダヤ人への差別と統制は強められた。教皇ウルバヌス治下の一六二四年から ナポレオン軍によって解放される一七九六年まで、ユダヤ人たちはこの狭い街区に閉じ込められてきた。当時のヨーロッパでは当たり前の、しかし、現在からみれば想像を絶する差別である。その差別の壁に穴が開けられるにはフランス革命まで待たねばならなかった。

サンタッポリナーレ・イン・クラッセ聖堂　ラヴェンナ

かつてヴェネツィアの旧ゲットーを訪れた時、そこの博物館の展示物の中に、「ゲットーの扉をナポレオンが開いてくれた」という趣旨の住民たちの「感謝状」を見たことがある。中庭には、ナチスによって強制収容所に移送され犠牲となった住民たちの名を刻んだ碑があった。このフェッラーラでも同じことが起きていたのだ。そのことを錆びた蝶番が物語っている。そして、ようやくゲットーから解放されたと思う間もなく、ナチスの手によって、ヨーロッパの占領地全域にゲットーが新設され、前近代をはるかに上回る残虐行為が繰り広げられた。歴史は繰り返したのである。最悪の形をとって。

地下牢

三月一日土曜日は、市の中心部をゆっくりと見て回った。週末のせいか、街はにぎわっている。ローマとは異なり、街路は清潔で行き交う人々の表情は穏やかである。

コスタビーリ宮（考古学博物館）からスキファノイア宮へとまわる。後者はエステ家のかつての別荘で、現在は市立美術館になっている。内部の「十二か月の間」の壁には、フェッラーラ派の画家フランチェスコ・デル・コッサ（Francesco del Cossa、一四三〇年頃―七七年頃）とコズメ・トゥーラ（Il Cosmè or Cosmè Tura、一四三〇年頃―九五年）らによる見事なフレスコ画が残されている。

昼食を宿の主人推奨のレストラン「Raccano」で摂ったあと、フェッラーラ公の居城エステンセ城に向かった。一三八五年から建てられ、四つの塔を持ち、建物の周囲に堀がめぐらされている。城の外周や中庭には屋台が出て、多くの市民が憩っている。内部を見物するうちに、地下牢にたどり着いた。実は、この城に地下牢があることはあらかじめ知っていたのだが、それを見物するかどうか私は決めかねていた。そういうものを恐れるFをおもんぱかったということもあるが、私自身、あいまいな気持ちのままだった。

いつでも旅先で、私はそういう陰惨なもの、暗鬱なものに引き寄せられてしまう。もちろんロンドン塔には行ったことがある。その時、中庭で大きなカラスが嘴を血で濡らして、獲物のネズミの内臓をついばんでいるのを目にした。スコットランドのダンベガンという田舎の城でもむかしの牢獄を見物した。井戸の底のような牢の跡から囚人の呻き声が、録音再生によって、見物人に聞こえ

サンタッポリナーレ・イン・クラッセ聖堂のモザイク壁画

フランチェスコ・デル・コッサ《5月の寓意》(1469-70年頃)

る仕掛けがつくってあった。

ドイツやオーストリアに残るナチ強制収容所遺跡には何回も訪れた。韓国では、ソウルの西大門監獄博物館にもたびたび行った。わざわざそういう場所に足を運ぶ自分の心情を、なんと説明してよいのかよくわからない。あえて言うなら、人間の残虐さ、無慈悲さを嫌悪しながらも、それをもっと知りたいという矛盾した感情である。知的探求心という言葉だけでは説明しきれない何か、シェークスピアの作品（たとえば「マクベス」）に誘発される感情に似た何かである。

エステンセ城
©Nicola Jannucci / Wikimedia Commons

迷路のような狭い通路をたどった先に、地下牢があった。天井も床も、四囲の壁もすべて石造りである。堀の水面より低く位置するからであろう、ジメジメと湿っている。エステ家の当主ニコロ三世（一三八三―一四四一年）の二度目の妻パリジーナは名門マラテスタ家出身で、一五歳も年下だった。その妻が、先妻との間にできた息子ウーゴと不倫の恋に落ちた。一九歳と二〇歳だった二人はこの地下牢に幽閉され、のちに斬首刑に処された。ニコロ三世はその後ほどなく三度目の結婚をするが、その新しい妻もパリジーナの亡霊に悩まされて首吊り自殺をしてしまったという。

ニコロ三世の孫にあたるアルフォンソ一世（一四七六―一五三四年）は、公位を継承した直後、実弟フェランテと異母弟ジューリオがたくらんだ陰謀に直面した。二人を捕らえて死刑を宣告したが、のちに終身刑として、二人を別々の独房に幽閉した。フェランテは三四年後に独房で獄死し、ジューリオは五三年のち八一歳になって解放されたという。

アルフォンソ一世は実弟と異母弟をそれぞれ数十年間も、冷たく湿った地下牢に閉じ込めておいたのだ。しかも、その同じ城内で、宮廷の儀典はもちろん、宴会などの日常が繰り広げられていた。美食に飽いた時、アルフォンソ一世はちらりとでも地下牢でうめく弟たちのことを想像しなかったのだろうか？　きっと想像しただろう、と私は思う。むしろことあるごとに想像し、その想像が冷酷な喜びを増殖させて、美酒の陶酔をさらに進めたのであろう。それが人間というものだ。違うだろうか？

明るい城外に出ると、祭りの行列に出くわした。ルネサンス時代の扮装をした男女が太鼓やラッパをやかましく鳴らしながら街路を練り歩く。見世物の火吹き男などもいる。六百年以上も過去に一気に戻った気分だ。

私とFはその夜、市民劇場の演奏会に行く予定だったので、ゆっくりと祭りを楽しんではいられない。演奏会場に到着してFが持参したチケットを示すと、係員が首を横に振った。それはあらかじめ買ってあった列車のチケットだったのだ。あわてて宿に本物のチケットを取りに帰ったため、ベートーベンのバイオリンソナタ四曲という演目中、最初の一曲を聞き逃してしまった。演奏者は予想に反して音楽大学教授風の二名。成熟し安定した演奏であった。会場は劇場のホワイエ。音響がよく、内装も美しかった。この翌日にも、私たちはエステンセ城で行われた古楽演奏会に行ってみた。演目はジョスカン・デ・プレをはじめ一六世紀前後のルネサンス音楽である。

一五世紀後半から一六世紀前半にかけて、エルコレ一世（一四三一―一五〇五年）の治世にフェッラーラは音楽で名声高い文化都市となり、ヨーロッパ各国から音楽家たちが集まった。作曲家ジョスカン・デ・プレも一五〇三年にフランスからフェッラーラに到着し、当地の宮廷に仕えた。フェッラーラ公のために「ミゼレーレ」（"Miserere"「憐れみたまえ」）を作曲しているが、一年後にフェッラーラを去った。その年の夏、ペストが発生したことが原因とみられている。アルフォンソ一世も父エルコレ一世同様の音楽愛好家であり、器楽を好んだためフェッラーラではリュートが盛んになったという。

古城の一室で古楽器の調べに耳を傾けながら、私の想いは、あの時代へと漂っていく。むかしもこの部屋で、この音楽が奏でられたのだろう。貴人や貴婦人たちが集い、典雅な調べを愛でたことだろう。その時にも、この同じ城の湿った地下牢で、囚人たちが終わりのない無慈悲な刑罰に呻吟していたはずだ。

私の思うところ、ルネサンスという時代を最もよく表わしている絵画の一つはピエロ・デッラ・フランチェスカによる、ある人物の肖像画である（パリ、ルーヴル美術館蔵）。「リミニの狼」の別名をもつ、一四一七年生まれの傭兵将シジスモンド・パンドルフォ・マラテスタ。典型的な「ルネ

ピエロ・デッラ・フランチェスカ《シジスモンド・パンドルフォ・マラテスタの肖像》（1451 年頃）

サンス人」の風貌とは、こういうものではないか。その冷酷きわまるまなざしまでもピエロ・デッラ・フランチェスカはものの見事に描きとっている。あの端正温和な《キリストの洗礼》を描いた画家が、一方ではこのような肖像画も描いていたとは、にわかには信じがたいほどだ。しかし、この極端なまでの両面性こそがルネサンスという時代の特徴なのであろう。

ヨハン・ホイジンガは『中世の秋』（日本語訳、堀越孝一訳、中央公論社、一九六九年）で、「この著述の出発点は、ファン・アイクとその弟子たちの芸術をよりよく理解したい、時代の生活全体との関連においてとらえたいとの望みにあった」と述べている。《ロランの聖母》（ルーヴル美術館蔵）のヤン・ファン・アイク（一三九五—一四四一年）、ロヒール・ファン・デル・ワイデン（一三九九／一四〇〇—六四年）、ハンス・メムリンク（一四三〇／一四四〇—九四年）、ロベルト・カンピン（一三七五—一四四四年）など、フランドル派絵画の名品は、たんに美しいだけでなく、驚くほど生き生きとしている。なぜ、一四、五世紀という時代に、こうした名画が集中的に産み出されたのか？

それはペスト大流行、ユダヤ人虐殺、百年戦争、十字軍、繰り返す飢饉など、酷薄無残な出来事に覆い尽くされた時代であった。「災禍と欠乏とにやわらぎはなかった。おぞましくも苛酷なものだった。……栄誉と富とが熱心に求められ、貪欲に享受されたというのも、いまにくらべて、貧しさがあまりにもみじめすぎ、名誉と不名誉の対照が、あまりにもはっきりしすぎていたからである。……処刑をはじめ法の執行、商人の触れ売り、結婚と葬式、どれもこれもみんな高らかに告知され、行列、触れ声、哀悼の叫び、そして音楽をともなっていた。」（『中世の秋』）そんな時代が、逆説的

ヤン・ファン・アイク《ロランの聖母》(1435年頃)

なことに、あの宝石のようなフランドル派絵画を産み落したのである。ホイジンガが描き出したのも、つまるところ、前述したルネサンス時代の「極端なまでの両面性」ではなかったか。

残酷な夜

エステンセ城の外堀に沿う壁の二か所に、白い碑がはめ込まれている。碑文の要約は以下のとおり（以下の記述は河島前掲書に多くを負っている）。

「一九四三年一一月一五日、夜明け。市民一一名を虐殺することによって、専横な体制がナチ・ドイツとの共犯行為を開始した。政治的自由を回復したフェッラーラは、正義と神と平和の理念の下に、この卑劣な犯罪を弾劾する。一九四五年一一月一五日」

一九四三年七月、連合国軍のシチリア上陸を契機に独裁者ムッソリーニは失脚した。七月二五日に国王から解任を告げられ、逮捕された。後任として、ピエトロ・バドリオ元帥が首班を務めることになり、新政府は一九四三年九月八日に連合国と単独休戦した。二〇年間に及ぶファシズム支配と、四年間続いた大戦にようやく終止符が打たれたかに見えた。だが、まもなくイタリアの北半分はドイツ軍によって占領された。

幽閉されていたムッソリーニは、九月一二日にナチス親衛隊に救出され、ドイツの支援を受けて北イタリアのサロにイタリア社会共和国（ＲＳＩ）というドイツの傀儡政権を樹立した。ＲＳＩ軍

ハーナウ父子

はドイツ軍とともに連合国軍や反ファシスト勢力と戦った。このような情勢、つまり瀕死のファシズム勢力が死に物狂いの巻き返しを試みる情勢のもとで、フェッラーラの市民虐殺事件が起きたのである。

ヴェローナとパードヴァからトラックに分乗して乗り込んできたファシストが反ファシスト知識人、弁護士、ユダヤ人など一一名を射殺し、その遺体をエステンセ城の堀端に放置して見せしめにした。犠牲者の中に鞣革《なめしがわ》商人のヴィットーレ・ハーナウとマリオ・ハーナウというユダヤ人父子がいた。フェッラーラにおいても、ナチ＝ファシストによって多くのユダヤ人が逮捕され、強制収容所に移送されたが、この父子は一九四三年九月の大規模なユダヤ人狩りをゲットーの納屋に隠れて免れた。非ユダヤ人で敬虔なカトリック教徒である妻が、床にあけた穴から差し入れる食べ物で生き延びていたのである。その父子が探し出され、引きずり出されて射殺されたのだ。

高名な反ファシズム思想家ピエーロ・カラマンドレイは一九五〇年一一月一五日にこの虐殺事件について記念演説をして、こう述べている。

「一九四三年一一月一四日から一五日にかけての夜間にフェッラーラで起こったことは、あの七月二五日に対する復讐であった。あの七月二五日に、思わずほっとして微笑みを浮かべ、これで流血の時期は終わった……そう思い込んだ人びと——それがイタリア民衆の大部分であった——に対する復讐であった。（中略）思い出していただきたいのは、虐殺行為が終わったあとに、ヴェローナから来たファシスト隊員たちが、任務を終えたことに満足して、犠牲者たちの山を居城の前に黒ぐろと放り出したまま、酒場に入って賑やかに呑み明かしたことである……」

この事件はジョルジョ・バッサーニ（Giorgio Bassani、一九一六—二〇〇〇年）の短編小説「四三年のある夜」にも描かれ、これを原案として映画『La Lunga Notte del '43』（一九六〇年イタリア、日本での題名は『残酷な夜』）がつくられた。バッサーニについて、また、この小説と映画について語るべきことは多いが、私のような門外漢の手には余る。河島前掲書をご一読願いたい。

映画『La Lunga Notte del '43（1943 年のある長い夜）』

母の夢

三月二日は朝から冷たい雨が降った。のろのろと起きだして、ディアマンティ宮（古典絵画館）をざっと見た。常設展は地元フェッラーラ派の古典絵画、企画展はマチス展で、こちらは大賑わいであった。その後、市の北東部の一角にあるユダヤ人墓地まで、傘をさして歩いた。たどり着くと正門の鉄扉は閉ざされていたが、脇の管理人室の呼び鈴を押すと管理人の老婆が現れ、名簿に姓名住所を書きこむと入所を許してくれた。カトリック教徒のそれとは対照的な、簡素な墓碑が雨に濡れて並んでいた。この都市でも、ナチスのユダヤ人絶滅政策のため、ゲットーから強制収容所に送られて犠牲となった人々が少なくないはずである。そのことは墓碑に刻まれた没年を丹念に見て行けば明らかになる。そういう目で墓碑を見ることが、いつしか私の習性になった。だが、ここフェッラーラでは、その気持ちが起きなかった。疲れていて、集中力を失っていたのかもしれない。

帰途、「ロメイの家」（エステ家の娘と結婚した行政官の家）に立ち寄ったところで、グラリと体が揺れるのを感じた。右眼の視野下半分に暗い影が現れ、なかなか消えない。大雪の夜に千葉で襲われた症状が再発したのか。帰館して一時間ほど横になる。わけもなく涙がにじんでやまない。眼が疲れているのだろう。

この旅の初めから執拗に脳裡に浮かぶ暗い思いが、また湧き上がってきた。私はそれを、できることなら長い小説に書きたいと思っている。命が尽きる前に、その黒いものを吐き出したい。だが断片的な細部が浮かんでは消えるばかりで、どんな小説になるのか、まだ形を成しそうもない。わずかにわかっていることは、その小説の舞台は、昨日見たあのエステンセ城の地下牢のような空間だということだ。そこがどこなのか、いまがいつなのか、自分が誰であるのかもわからなくなった人物がそこにいる。その人物はおそらく私自身だ。

午後から池袋の喫茶店で旧知の哲学者T教授らとの研究会が予定されているため、私は慌てて布団をたたんでいる。するといつの間にか母が現れて、「おまえはズルいなあ」と言った。「え？　ぼくがズルい？」思わず私は母に反問した。「これまで六〇年の人生で、二〇歳以降の四〇年間をこんなふうに生きてきたぼくが、ズルいって？……」私は激昂して、涙ぐみながら母に詰め寄った。私の父母も、すくなからぬ友人知人たちも、ひどく傷つき、苦しみながら死んでいった。それなのに、私だけは生き延びている。それは事実だ。そのことが「ズルい」のだろうか……いつの間にか眠り込んで、夢を見たのだった。

母は一九八〇年に死んだ。六〇歳だった。韓国の監獄に息子二人をとらわれ、その解放の希望もないままに、むごい病で死んだ。大量出血のためどんどん体温が下がっていく母の耳に口を寄せ、声をかけた。「お母さん、朝までの辛抱やで、朝になったら楽になるよ！」するともはや意識がないものと思っていたのに、母は薄く目を開けて、こう答えたのである。「朝まで？　まだまだやないか……」出まかせのキレイごとを言うな、ということだったのか。数時間後、母は冷え切って息を引き取った。

三年後、父も同じ病で世を去った。私はヨーロッパの各地をさまよって、いつの間にか残酷な図像ばかり見て歩くようになった。長いとも一瞬とも思える歳月が過ぎたあと、兄たちは釈放され、(幸運というべきであろう)私は物書きになって本を出し、大学に職を得てまずまず無難な暮らしをしてきた。しかし、そのすべてにおいて、本当はこうではない、こうであるはずがない、という感覚が拭えないのだ。いま両親が世を去った年齢を過ぎて、果たして私自身の人生はこれでよかったのか、という思いがいつまでも片付かないのである。

夢ではあれ、久しぶりに母に会った。あれは母があの世から降りてきて自分に警告していたのかな、などと思う。おまえが書こうとしている小説にはまだキレイごとや自己保身的なゴマカシがある、真実はもっともっと暗い、と。

三月三日、フェッラーラを去ってミラノに向かう日が来た。家主のファビアーノが来て、自宅に来いという。ついていくと、自家製のサラミやチーズで昼食を振る舞ってくれた。ここから二〇キロ離れた田舎にアグリツーリスモの家をもっているという。妻ベアトリーチェは、幼稚園の栄養士としていまも現役で働いている。飼い犬一匹と猫二匹。昼食の途中で高校生の息子が帰ってきて、父親が作った弁当のサンドウィッチをもってまた出ていった。

「主人に別れの挨拶をしてから、私は横町の道を抜けて、別の斜めの街路を歩いた。古くはガッタマルチャ（野良猫）街と呼ばれた道だが、さらに脇に入ると、折れ曲がって、行き止まりになる小路があった。トルチコーダ（尻尾よじれ）という名前が残っている。その奥の静かな突き当りであろうか、鞣革商人のハーナウ父子が床下に隠れ住んでいたのは。」

ここに記したのは私自身のことではない。河島前掲書からの引用である。私もフェッラーラを去る日、河島先生の記述を手掛かりにハーナウ父子の隠れ家を探してみた。そこは私の宿所から目と鼻の先であるはずだった。しかし、「さらに脇に入ると……」あたりから道がわからなくなり、時間切れとなった。

ファビアーノは自分のクルマで私たちを駅まで送り、ホームまで見送ってくれた。旧ユダヤ人街の真ん中に住んでいる彼はユダヤ人なのだろうか。だとすれば、その親族や知人の中にも犠牲者がいるはずである。彼ら一家を今後、ハーナウ父子と同じ運命が襲うことはないと言えるか？　そう言い切ることが私にはできない。人間の愚かさと冷酷さを見せつけられてきたからである。

別れを告げる時になって、ファビアーノがいまさらのように、「お前は何をしている？」と私に尋ねた。片言のフランス語での会話なので複雑なことは言えない。「作家だ。プリーモ・レーヴィについて本を書いたこともある」と簡潔に答えると、「プリーモ・レーヴィか、それは良い」と彼は頷いた。

ボローニャ、ミラノ

待合室

三月三日月曜日、フェッラーラ駅を発ってミラノに向かう。そのためにはボローニャで乗り換えなければならない。都市の位置が、そうなっているのだ。日本なら名古屋、韓国なら大田《テジョン》のようなものか。ボローニャはローマ、フィレンツェとミラノとの途中にあり、ヴェネツィアやトリエステに向かう際にはここで分岐して東に向かうことになる。イタリア半島における政治や文化の複数の中心地のちょうど中央に位置している。もちろんボローニャ自身にも見るべきものは多いのだが、限られた日程で忙しく動き回る観光客はついつい通過してしまうことになる。私自身も過去に何度となくここを通過したが、下車して都市を散策したのは二回だけだ。今回も残念ながら乗り換えだけである。

フェッラーラからボローニャまで四〇分。列車は平坦なポー川デルタをゆっくりと進んだ。春の気配だが、外気はまだ冷たい。

ボローニャ駅待合室で乗り換え待ちをする間、室内の一角に記念碑らしきものがあるのに気づいた。過去には見過ごしていたものだ。「一九八〇年八月二日、ファシストのテロの犠牲者」と記されていた。床に爆発の痕跡があり、花束が捧げられていた。

「爆破テロ」というと近年では反射的に「イスラム過激派」を連想する。しかし、この連想はあまりにも視野が狭く短絡的なものだ。

ボローニャ駅爆破テロ事件は、一九八〇年八月二日朝にこの場所で起きた。八五人が死亡、二〇〇人以上が負傷した。マスコミにネオファシズムテロ組織「武装革命中核(NAR)」と

1980年ボローニャ駅爆破テロ事件現場

「赤い旅団」が実行組織として名乗り出た。同時に、軍安全情報局(SISMI)のメンバー二人と元メンバー一人、および極右政党「イタリア社会運動(MSI)」の代表リーチオ・ジェッリも告発された。イタリア政府は、当初この爆発は「事故によるもの」と推定していたが、その後の捜査の結果、武装革命中核によるテロと断定した。しかし、現在に至るまで、彼らの政治的動機は明らかになっていない。爆破テロを行なうことで多くの市民を殺傷し、その罪を、当時のイタリアで勢

力を強めていた共産主義者になすりつけることが目的だったのではないかとも考えられている。一九八〇年といえば前章で触れたベルリングェルがまだ存命中のことである。

アウシュヴィッツ収容所から生還したプリーモ・レーヴィの最初の著書『これが人間か』（日本語版は『アウシュヴィッツは終わらない』改訂完全版、竹山博英訳、朝日選書、二〇一七年）は終戦二年後の一九四七年に刊行された。七二年に刊行された新版にレーヴィは「若者たちに」と題した序文を付している。

「いまファシズムは敗北した。イタリアでも、ドイツでも、自ら望んだ戦争により、一掃された。二つの国は面目一新して廃墟から立ち上がり、困難な再建の道を歩んだ。（中略）あれから四半世紀を経た今日、私たちは周囲を見回してみるが、安心するのは早すぎたのではないか、という危惧を抱いてしまう。」レーヴィはこう書いたのち、ベルトルト・ブレヒトの詩句を引いて付け加える。

「この怪物を生み出した子宮はいまだ健在である」

それから八年後にボローニャで爆破事件が起こった。

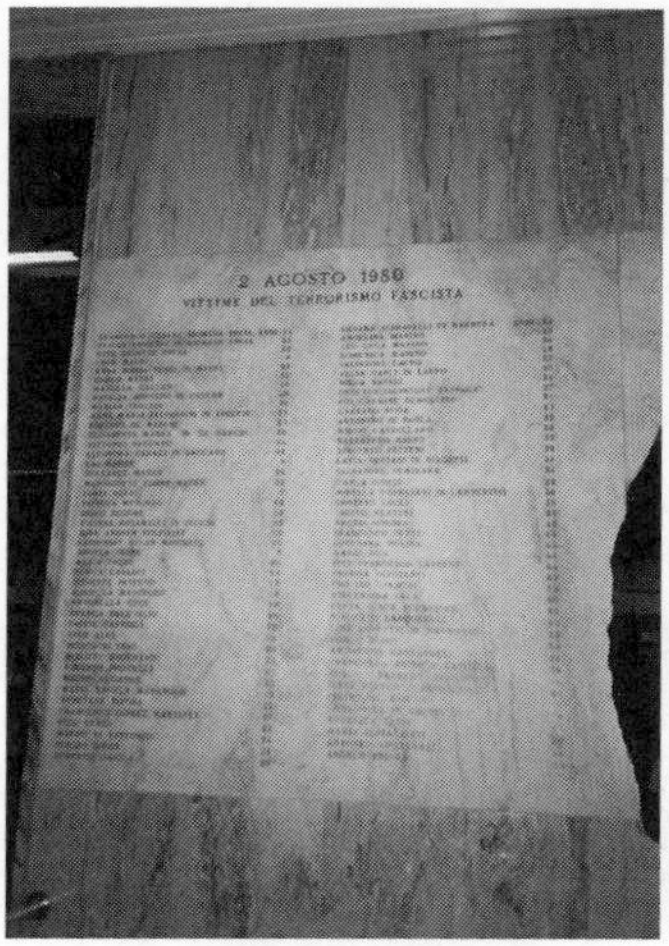

犠牲者追悼碑

モランディ

駅の待合室で、この前ボローニャに来たのはいつのことだったか……と思い返してみた。私が以前、この都市に降り立ったのは二〇〇七年一二月のことだ。その時、プリーモ・レーヴィ没後二〇周年行事に参席するため訪れたフィレンツェに滞在し、そこを拠点にアッシジ、シエナなど日帰り可能な諸都市を巡ったのである。ボローニャに来た最大の理由はジョルジョ・モランディであった。モランディは私がひそかに愛する画家の一人だ。「ひそかに」というのは、「ここがいい」と明言することが難しく、いつから、なぜ好きになったのか自分でもはっきりしないからだ。いつの間にか、自分の中に住み着いてしまっている、そういう感じである。

ジョルジョ・モランディ

各地の美術館を歩き回り始めた若い頃、いつも何枚か絵ハガキを買う習慣があった。図録は重いし、値段も高いので、よほどのことがないと買えない。代わりに自分がその美術館で見た作品のうち気に入ったものの絵ハガキを何枚か買うのである。そういう絵ハガキの中に、いつもひっそりと、モランディが紛れ込んでいる。モランディの作品は強く自己主張しない。色彩は温厚で淡泊だ。どこかアルベール・マルケにも共通する印象である。画題は風景画もあるが、たいていは瓶や食器など、お決まりのものだ。明瞭な記憶と結びついていないのだ。いつもごく自然に、モランディは私のそばにあった。どうしてだろう？

私が多少とも意識してモランディの作品を見たのは、一九九〇年四月に京都国立近代美術館で開かれた「モランディ展」においてだった。同行するFに、「モランディは好き？」と尋ねると、「もちろん！」と即答が返ってきた。「どこが？」と聞くと、「無機的だけど、有機的だから」と、これも即答だった。無機的だが有機的……なるほど。

そんなことも思い出しながら、この時、モランディに出会い直すためにボローニャに出かけることにしたのである。駅から王宮や旧ボローニャ大学に至るインディペンデンツァ（独立）通は両側を古い柱廊（ポルティコ）で飾られた、中世の空気を色濃く残す道だ。その道を真っすぐに南に一キロほど歩いたところにある市庁舎（コムナーレ宮）の三階がモランディ美術館である。市庁舎はかつての教皇代理使節の

ボローニャ、コムナーレ宮（市庁舎）
©Rosapicci / Wikimedia Commons

モランディ《静物》(1943年)

居館である。建物の外壁にはレジスタンス運動の犠牲者二〇〇〇人の写真がはめ込まれていた。イタリアを歩いているとファシズムと反ファシズム・レジスタンスとの熾烈な闘争の歴史があちこちに露出しているが、ここも例外ではない。

(その後、二〇一二年から一時的にモランディ美術館はボローニャ近代美術館に移された。また、モランディが長くアトリエとして使用した市内フォンダッツァ通りにあるアパートの質素な一室は二〇〇九年から「モランディの家」として公開されている。いずれも二〇〇七年の時点では未完成だったため、私は訪れることができなかった。)

市庁舎に入りブラマンテが設計したという大階段を三階まで登ると、モランディの「お気に入りのモデルたち」(モランディは自分が描く瓶や壺をそう呼んでいた)が行儀よく並んで迎えてくれた。かつての教皇権力の威勢を示す市庁舎の壮麗な内部装飾とはきわめて対照的である。それが不釣り合いとも、あるいは絶妙に釣り合っているとも見える。

ジョルジョ・モランディ(Giorgio Morandi、一八九〇—一九六四年)はボローニャに生まれ、その生涯のほとんどをこの都市とその近郊の避暑地グリッツァーナで過ごした。イタリア国外に出たことはほとんどなく、一九五六年のパリ旅行が最初の外国訪問であった。ボローニャのフォンダッツァ通りにあるアトリエの薄暗い部屋に閉じこもり、瓶や壺を飽くことなく描いて過ごした。

一九〇七年、ボローニャの美術学校に入り、一三年までそこで学んだ。特定の画家グループに属することはほとんどなかった。一四年からボローニャの小学校でデッサン教師となり、二九年までこの職にあった。三〇年、ボローニャ美術学校の版画教師となり、第二次世界大戦後の五六年までこの職にとどまった。美術史家ロベルト・ロンギは三四年、ボローニャ大学での講義で、モランディを「現存するイタリア最大の画家」と評した。六四年、故郷ボローニャで死去。生涯独身で、三人の妹がつねに彼とともにあり、身の回りの世話をしていたという。

古典と近代、具象と抽象

二十数年前京都で見た「モランディ展」の図録に「ジョルジョ・モランディ——抽象と実在」と題するエッセーが収められている(メルチェデス・ガルベーリ)。そこに、モランディを理解する手掛かりがある。

「事実、モランディの作品は古典的であり、同時に近代的である。数字や比例、そして均衡の次元(これらはあらゆる時代の古典性の特徴である)では、まさしく古典的である。また、文学的、逸話的要素の存在を最小限におさえ、構図を純粋なリズムと造形言語の調和に還元する点において、近代的である。モランディの作品を見ても、それが何を表現しているかを、もはや誰も問わない。(中略)この意味でモランディの作品はもはや読むことができない。見ることができるだけである。そこには絵画の主題、つまり何が表現されているか、ということを問題にしない姿勢がある。(中略)つまりいつも同じ瓶、同じ物を描くことが、それらの物が重要ではないことを理解させるのである。重要なのは絵画であり、芸術である。」

彼が同じ瓶や壺を飽くことなく描き続けるのは、その瓶、その壺を表現したいからではない。まして、その瓶や壺にまつわるエピソードを語るためではない。それはきわめて具体的な物を描き続けることによって成り立つ非対象絵画、具象に徹底した抽象とも言いうる。無機的だが有機的なモランディは、古典的だが近代的であり、具象的だが抽象的なのだ。

モランディはその画家人生の初期に未来派の運動と接触を持った。一九一四年三月にボローニャのバリオーニ・ホテルで開かれた一夜限りの未来派展に出品作家五人の一人として出品したのである。しかし、未来派との接近はこの時だけに終わったようだ。

「未来派宣言」(一九〇九年)は「うなりをあげる自動車はサマトラケのニケよりも美しい」と、

「速度の美」を謳い上げた。「我々は、世界で唯一の衛生学である戦争、軍国主義、愛国主義、無政府主義の破壊的な行動、命を犠牲にできる美しい理想、そして女性蔑視に栄光を与えたい。」

ここには近代のダイナミズムへの礼賛、旧弊な教権主義に対する反抗、そしてファシズムに繋がる破壊衝動が混沌としたままに語られている。モランディの美学は「速度の美」とは対極のものだ。彼がこの運動に距離を置いたのは自然なことだったと思える。

一九二六年と二九年にはモランディもミラノにおけるノヴェチェント展に参加した。ベニート・ムッソリーニに率いられたファシスト党がローマ進軍を実行したのは二二年。ムッソリーニが「ファシズム独裁の宣言」を行ったのは二五年のことである。美術界では、ムッソリーニの愛人マルゲリータ・サルファッティがスポークスマンとなって、ファシズム公認の芸術運動「ノヴェチェント Novecento」が展開された。その目的はイタリア美術の偉大な伝統、とりわけ古代ローマからルネサンスにかけての古典美術を現代に復興し、ファシズムの愛国主義に寄与させることにあった。モランディも全イタリアの美術家を巻き込んだこの運動と無縁ではありえなかったようだ。

1926年「ノヴェチェント・イタリアーノ展」カタログ

美術評論家フランチェスコ・アルカンジェリは、モランディの美学を「形成されたフォルムの極」と「不定形なフォルムの極」との緊張関係においてとらえ、この時期のモランディは「不定形なフォルムの極」へと傾斜しているとする。そのことは、堅固で明晰な形態をイタリア的な理想と仰ぐ擬古典主義的なノヴェチェントの美学に対するモランディなりの、「たとえ控えめで、暗黙のもので、ほとんど無意識的ではあるとしても、より深遠な抗議の姿勢なのである」とアルカンジェリは述べている（岡田温司『モランディとその時代』人文書院、二〇〇三年、参照）。つまりモランディは、政治思想の次元においてではないにせよ、美学的実践の次元でファシズムに対する抵抗を試みている、というのである。

良き職人

一九四三年五月二三日、連合軍のシチリア上陸によってムッソリーニが失脚するおよそ二か月前、モランディはファシスト当局に逮捕され拘置所に送られた。反ファシズムの理念のもと、四二年夏からボローニャ、ミラノ、フィレンツェなど各地で「行動党」が結成されたが、モランディもこの党との関係を疑われたのである。この時、同じ嫌疑で連行されたものの中に、ジョルジョ・バッサーニ（前章「フェッラーラ」参照）、アッティーリオ・ベルトルッチ、のちにモランディの評伝を書くことになるアルカンジェリなどの名がある。（トリノのプリーモ・レーヴィものちにこの党に加入し、山岳地帯でのレジスタンス活動中に逮捕されアウシュヴィッツに送られた。）

結局、モランディは六日間の拘置の後、友人らの当局への働きかけもあって釈放された。事実はたんに、彼が「行動党」の若者たちと親しかったというだけのことだった。ただし、ファシズムに抵抗するこの若者たちはモランディの崇拝者であり、ボローニャ大学美術史講座におけるロベルト・ロンギの弟子であった。ロンギがのちにこう分析している。――「行動党」の若者たちにとって、モランディは「生まれながらに自由なその存在、あらゆる雄弁や過剰や激烈さ浅薄さに対立するその存在、言い換えるなら、ファシスト的信念の前提そのもののなかにある思考の暴力と精神的堕落に対立する」存在として、大きな支えとなっていた（岡田温司前掲書）。

ジョルジョ・バッサーニ（左）とフランチェスコ・アルカンジェリ

「かくしてジョルジョ・モランディは、古都ボローニャで、ヨーロッパの良き職人の歌を、イタリア風に歌うのである。」――デ・キリコの言葉。
モランディは反ファシズムの思想家ではない。まして実践者とはとうてい言えない。だが、あの苦難の時代に、十年一日のように瓶や壺を描き続ける「良き職人」として、ファ

旧ボローニャ大学
（アルキジンナージオ宮）

シズムとは相容れない美的実践を貫いたのである。

ところで、「古典性」「静謐」「調和」「厳格」といった、今日では広く受け入れられているモランディ像について近年、批判的注釈が加えられている。そうした既存のモランディ像は、モランディ自身も介入して形成されたものだという指摘である（岡田温司前掲書）。そうであるなら、つまり「良き職人モランディ」というイメージそのものが彼の「作品」であったとするなら、彼を讃嘆する私の気持ちはさらに増す。モランディは世のさまざまな出来事や芸術運動の動向に無感覚だったのではない。彼は「距離」をとることを意志的に「選択」したのだ。それはいかにも、フィレンツェとヴェネツィア、ローマとミラノの中間に位置するボローニャの芸術家らしい「選択」であったともいえよう。

市庁舎を出て、マッジョーレ広場を南へ歩くと、アルキジンナージオ宮という建物にヨーロッパ最古の旧ボローニャ大学がある。世界初の人体解剖が行なわれた解剖学大階段教室を私も見物した。現在、大学は市内の別の場所、ボローニャ歌劇場のそばに移っている。

駅への帰途、途中で左手の小路に入ったところにあるモンテグラッパ・ダ・ネッロという古いレストランに立ち寄った。数百年前からあったと思われる地下室に客が一杯である。地元食材の料理は美味で、値段も手頃だった。モランディはしばしば禁欲的な修道士のように語られるが、実際には市街を散歩すること、それに美食とワインを楽しんだという。この古い店にも来て、片隅のテーブルに席を占めていたかもしれない。彼を尊敬する「若者たち」が歩み寄ると、静かに手を挙げて応えたかもしれない。

ここまでは二〇〇七年一二月の話である。二〇一四年三月の私はボローニャ駅で下車せず、列車を乗り換えてミラノに向かった。

ノヴェチェント

定刻一六時四〇分ミラノ中央駅到着。すごい人ごみ。冷たい雨が降っている。インターネットで予約してある貸しアパートへタクシーで向かう。部屋は狭いが清潔で、交通も便利だ。ただし、さっそく階下の住人が「足音がうるさい」と文句を言いに来た。

翌朝、プグリッチ公園を散歩して抜け、カヴール広場からモンテナポレオーネ通りを経てドゥオーモ（大聖堂）へ。地下道にあるスカラ座のチケットオフィスに行くと、運よく三演目のチケットが残っていたので購入した。ヴェルディ「イル・トルヴァトーレ」、リムスキー＝コルサコフ「皇

ノヴェチェント美術館
©Paolobon140 / Wikimedia Commons

帝の花嫁」、「Jewels」（バレエ）である。

近くにあるヴァガッティ・ヴァルセッキ博物館（貴族の館）を見物し、そこの中庭のレストランで昼食を摂った。ギリシャ風サラダ、リゾット、タコとポテトの料理。

すると、すこし離れた席でダニエル・バレンボイムら三人が食事しているのが目に入った。私たちがチケットを買った「皇帝の花嫁」を指揮する予定である。「あそこにバレンボイムがいるよ」とFに知らせた。帰りがけにFがバレンボイムの席のそばに行って挨拶すると、バレンボイムは、きわめて上機嫌に応じた。

いったん帰館して着替え、午後七時半、スカラ座に向かった。今夜の演目は「イル・トルヴァトーレ」である。宮廷への復讐を企てるロマ（ジプシー）の老女が処刑される愁嘆場でFが泣いた。

翌朝、ドゥオーモ（大聖堂）広場に面する「ノヴェチェント（一九〇〇年代）美術館 Museo del Novecento」に行ってみた。これが期待以上だった。私は過去にしばしばミラノに来たが、ここは新設なので初めてである。この美術館はアレンガリオ館に造られている。ファシズムの絶頂期一九三〇年代に建設が始まり、ムッソリーニが広場に向かって演説できるよう設計されている。戦争を経て、五六年に完成を見た。その後、ミラノ市の事務所や観光局として使われていたが、二〇一〇

ジュゼッペ・ペリッツァ・ダ・ヴォルペード《第四階級》（1901年）

年一二月に美術館が開館した。

入口を入ると、真っ先にジュゼッペ・ペリッツァ・ダ・ヴォルペード（Giuseppe Pellizza da Volpedo、一八六八―一九〇七年）の代表作《第四階級》が目に入る。教会（第一階級）・貴族（第二階級）・ブルジョワ（第三階級）に虐げられてきた労働者（第四階級）の覚醒を描いた一九〇一年の作品。男性二人女性一人を先頭に、労働者たちが力強く行進してくる。イタリアと全ヨーロッパの進歩派や社会主義者のシンボルとなった作品である。作者のペリッツァはピエモンテ地方のヴォルペードで一八六八年に生まれた。一九〇七年、妻の突然の死後、アトリエで首を吊って自殺した。まだ四〇歳だった。

ベルナルド・ベルトルッチ監督の映画『１９００年（Novecento）』（一九七六年）は、日本では一九八二年に公開されている。私はその当時住んでいた京都の映画館で見た記憶がある。

一九〇一年、ポー川流域のベルリンギエリ農園で二人

ベルナルド・ベルトルッチ監督の映画『1900年』ポスター

の男の子が誕生する。一人は小作人頭の孫でオルモ（ジェラール・ドパルデューが演じた）と名づけられ、もう一人は地主の孫でアルフレードと名づけられた（ロバート・デ・ニーロ）。異なる階層出身の幼友だちである二人を中心に、二〇世紀初頭から第一次世界大戦、ファシズムの台頭から第二次世界大戦の終了までのイタリア現代史を描いている。

ベルリンギエリ家の農園管理人で地主の腹心アッティラ（ドナルド・サザーランド）はファシストの幹部となって農民たちを苛め抜き、反抗した者を虐殺する。一九四五年四月二五日、解放の日。アッティラは農民たちに捕らえられ、処刑される。地主アルフレードは人民裁判にかけられるが、オルモが農民たちを前に「地主の死」を宣告し、その生き証人であるアルフレードを殺すわけにはいかないと告げたため、一命を救われる。それから長い月日が経ち、年老いた二人は子供時代と同じように喧嘩ばかりしながらも一緒にいる。ある日、アルフレードは子供時代の思い出の場所で鉄道に身を横たえる。

ちなみに、ベルトルッチ監督の父アッティーリオは、モランディを敬愛する「若者たち」の一人であった。この叙事詩的大作のオープニングタイトルに使われていたのが、ペリッツァの《第四階級》だった。

『1900年』より前に、エルマンノ・オルミ監督の『木靴の樹（L'albero degli Zoccoli）』（一九七八年、イタリア）を観た記憶がある。日本公開は一九七九年。あの頃、定職も希望もなく、時間だけはあった私は、映画ばかり見ていた。

一九世紀末の北イタリア、ベルガモの農村を舞台に、収穫の三分の二を地主に納めなければならない苛酷な搾取のもとで生きる農民たちの生活。ある日、遠い学校へ通う少年の木靴が壊れる。一家には新しく丈夫な靴を買い与える余裕はない。父親は川沿いに繁るポプラの樹を伐って新しい木靴を造ってやろうとする。だが、その樹も地主の所有物だった。父親は地主に咎められ、一家は地主に追われて、薄暗い夜明けのうちに、どこへともなく去っていく。

映画としてはこちらのほうが『1900年』より私の好みに合う。北イタリア農村の四季を淡々と描いたその映像美はきわめて絵画的で、ブリューゲルの農民画を想わせ、私に西洋美術への憧れを掻き立てた。一九八三年に私は最初の西洋美術巡礼に出たが、当然、ミラノは旅の目的地に入れていた。これら二つの映画の影響であろう。いまミラノでペリッツァの《第四階級》に再会してみると、三十年以上前の自分自身に出遭った気分がする。私自身、いつのまにか六十代半ばという年齢になった。『木靴の樹』に描かれたポー河畔の秋景色が、私自身の心象風景のように思える。

「ノヴェチェント美術館」には、二〇世紀以後の作品およそ三五〇点が展示されている。インターナショナル・アバンギャルド（ピカソ、モディリアニなど）、未来派（ボッチョーニなど）、モランディ、デ・キリコ、アルトゥーロ・マルティーニ、シローニなど。さらに上階へ進むと、ルーチョ・フォンターナ。さらに通路を渡って隣のパラッツォ・レアーレにはマリノ・マリーニ（Marino Marini、一九〇一―八〇年）の彫刻と絵画が展示されていた。

あ、マリーニ！……思わず嘆声が漏れた。さして広くないその展示室には、さまざまな人物の胸像が文字通り林立していた。まるで肖像の林に迷い込んだようだ。

自らの肖像彫刻について、マリーニはこう語っている。

「私は、私の芸術的良心と個人生活を同一視することによって、芸術を支配しようとするファシズムと帝国主義者の情熱に反抗した。このようにして再現的すぎると思われるものをすべて私は避けた。」

この思いから、「あの作者不詳の墳墓の肖像に似た胸像を作った」と彼は言う。彼の肖像彫刻は驚くほどモデルの特徴をとらえており、十分に「似ている」が、しかし、それは彼の目指すところではない。彼の肖像彫刻は個人の名声を称揚するためのものではない。だからそれらは「エトルス

マリノ・マリーニ

クの墓」から発掘された古代人像のようなのである。

私がマリーニの肖像彫刻に惹きつけられたのはこの時が最初ではない。一九九六年、トリノに向かう途上でミラノを訪れたことがある。すでにこの時で三度目のミラノ訪問だった。この時のことを拙著『プリーモ・レーヴィへの旅』から引いておきたい。

「『私の騎馬像は、今世紀の出来事に起因する苦悶を表している』と、マリーニは語っている。彼が騎馬像を制作し始めたのは一九三〇年代からだが、後半になればなるほど馬は制御不能となり、騎手が後方にのけぞる角度はますます急になっていく。苦悶がつのっていくのである。（中略）けれどもこの日、私の心を捉えたのは騎馬像ではない。ともすれば見すごしてしまいそうな、小さな男性半身像である。Il Miracolo と題されていた。奇跡、ということであろうか。

道化のようでもあるが、胸に十字架をかけているのをみると聖職者かもしれない。小さな頭。斜め下方に伏せた眼差し。ひょろりと長い頸。かすかに剽軽なその姿は、哀しくもあり、しみじみと平和でもある。」

ブレラ絵画館で出遭ったその一体の印象が心に浸みて、長く忘れがたかった。

不安の象徴

手元に「マリノ・マリーニ展」の図録がある。一九七八年四月、東京国立近代美術館で開かれたものだ。日本における最初の本格的なマリーニ展だったようだ。その頃、私は日本の地方都市で鬱屈した毎日をすごしていたので、おそらく展覧会に出かけて直接見たのではないだろう。後日、京都の古書店で買ったのかもしれない。

マリノ・マリーニは一九〇一年、トスカナ地方ピストイアの銀行家の家庭に生まれた。双子の妹エグレがいる。一七年にエグレとともにフィレンツェの美術学校に入った。早くからさまざまな国際展に出品して経歴を積み、四〇年にミラノのブレラ美術学校教授となった。四一年、爆撃でアトリエや作品を破壊され、妻とともにスイスに逃れた。四三年から《奇跡》の連作を開始したとあるので、かつて私がブレラ絵画館で見たのはそのうちの一点かもしれない。終戦後の四六年、イタリアに帰りミラノに居を定めた。五二年のヴェネツィア・ビエンナーレでグランプリを受賞するなど、高い国際的評価を受けた。スイスでの避難生活の時期があったとはいえ、あの時代にしては比較的平穏な生涯だったといえるだろう。

それでも、彼の心の不安は戦後もますますつのったようだ。マリーニは「私の騎馬像は不安の象徴なのです」と語っている。戦争は終わり、ファシストはいったん一掃されたというのに、五〇年代の騎馬像は、後方にのけぞる角度がますます急になっていく。

先に挙げた「マリノ・マリーニ展」図録の「序文」(エリッヒ・シュタイングレーバー)にこう書かれている。

「マリーニは勝利を誇る記念碑や力を象徴するものは何ひとつとして作らなかった。」

一九五八年にマリーニはこう言っている。「私に関していえば、私には英雄の勝利を祝うつもりはさらさらありません。私はなにか悲劇的なもの、一種の人類の黄昏、勝利よりも敗北を表現できればよいと考えています。(中略)私は、私たちは世界の終末に直面していると大真面目に信じているのです。」

このように、マリーニが「大真面目」であったことは事実であろう。しかし、そのことを皮相にのみとらえると、この芸術家の本領を見失うかもしれない。

私はかつて、ビエンナーレ展を見るためヴェネツィアを訪れた時、ペギー・グッゲンハイム美術館に行ったことがある。もちろん、ジャクソン・ポロックやフランシス・ベーコンなど、見るべき作品がそこにあるからだが、とりわけ私がどうしてもこの目で見きわめたいと思っていた作品があったのだ。マリーニの騎馬像《城砦の天使》である。『20世紀の芸術と生きる——ペギー・グッゲンハイム自伝』(みすず書房、一九九四年)に、一九四九年秋の彫刻展に関するこんな記述がある。

「実はマリーニから作品を借りようと思いミラノへいったのだが、結果的にはわたしは展示するものを買ってしまった。それは馬に乗る人の像で、その人像は恍惚の状態で両手を大きく広げていた。マリーニはそれを強調するかのように、その人像のペニスを勃起させていた。しかし、マリーニはこの彫刻をわたしのために青銅で鋳造させたとき、ペニスだけは別に作らせ、それを好むがままに、ネジのようにはめこんだり、取り外したりできるようにしてくれた。マリーニはこの彫刻をカナル・グランデに面したわたしの中庭に据えつけ、ちょうど総督の宮殿とむきあう形にし、『城砦の天使』と名づけた。（中略）特別なお祭りの日に総大司教がモーターボートでわたしの館の前を通るが、そのような日には尼さんたちが中庭に入ってきて、通過する総大司教の祝福を受ける。その時ばかりはわたしも人造のペニスを外し、引き出しの中にしまいこむ。（中略）ただ、ヴェネツィアでは妙な噂が広まった。私はスペアとして様々なサイズのペニスを持っていて、時に応じてそれを使っているというのだった。」

このくだりを読んだ時から私は、なんとしても、この騎馬像を見ずにはすまない気持ちだった。それが実現し、間近で見ると、なるほどたしかにペギー・グッゲンハイムが書いているとおりだった。感心したが、あまりその部分ばかり見つめているわけにもいかない。

大真面目に現代世界の苦悶を表現しようとしたマリーニは、こんなイタズラ心の持ち主でもあった。それは大真面目と矛盾するものではない。むしろこれが彼の表現の温和な膨らみの秘密であり、肖像彫刻や絵画作品にまで貫通する得難い美点である。

アウシュヴィッツの生存者プリーモ・レーヴィの文学にもこれに似たユーモアが感じられる。夫をファシストに惨殺された作家ナタリア・ギンツブルグの文学にも。これを「イタリア的」と呼んでよいかどうかわからない。だが、すくなくともドイツ語圏の芸術家たちには容易に見出しがたい特徴であろう。私が好もしく思うのも、この点である。

思いがけずマリーニを堪能して満足した。美術館最上階の、ドゥオーモ広場を見渡す眺望の良いレストランで昼食を摂った。

「イタリアのために死ぬものは、死ぬことがない」

一九三七年のクリスマス、不死を約束する言葉が大書された巨大な吹き流しが、この広場、大聖堂の正面に掲げられた。スペイン市民戦争中、フランコ派反乱軍支援に派兵されたイタリア軍戦没者を追悼するためである。一方、イタリア各地からは人民戦線派に義勇兵として参戦した者も数多く、そうした闘争がのちの反ファシズム・レジスタンスへと繋がっていった。

いまはその広場に世界中からやって来た観光客たちの姿が見える。中国人らしい新婚カップルが記念撮影している。

トリノ（I）

スクラリーニ

ミラノ大聖堂前の「ノヴェチェント美術館」で私が遭遇したもう一つの宝は、ジュゼッペ・スクラリーニ（Giuseppe Scalarini、一八七三―一九四八年）の展示だった。スクラリーニはかつてのイタリア社会党機関紙「アヴァンティ Avanti」の挿絵画家を務めた。ファシストになる前のベニート・ムッソリーニが一時期、同紙の編集長を務めていた。

一九世紀末から社会主義者であったスクラリーニは「アヴァンティ」紙を舞台に平和主義、反軍国主義思想にもとづく風刺画を描き、労働者階級への搾取とリビア侵略戦争に反対したためたびたび弾圧を受けた。黒シャツ団（ファシストのテロ部隊）に襲撃され重傷を負ったこともある。一九四〇年にも拘束され観察下に置かれたが、四三年、サロ共和国（ナチス・ドイツが失脚したムッソリーニに建てさせた傀儡国家）警察の逮捕を逃れ、終戦後まで生き延びた。四八年一二月、ミラノで死

Piedistallo di pace capitalistica.

7195 – Pag 68

ジュゼッペ・スクラリーニ《資本主義平和のはしご》(1919 年)

去。一万三千点のドローイングが遺された。

スクラリーニの生涯は一九世紀末から二〇世紀前半にかけての二度の世界大戦とファシズムというイタリア社会の経験をきびしく映し出したものだ。熾烈きわまるその経験をこのようなユーモアに乗せて表現できるとは！　政治的抵抗と諧謔との至高の結合――これはのちに述べるプリーモ・レーヴィやナタリア・ギンツブルグの作品にも共通する、イタリア以外ではなかなか見いだしがたい特質ではないだろうか。スクラリーニは日本では（おそらく韓国でも）よく知られているとは言えない。今回、その作品をまとまって見ることができたのは望外の収穫だった。

「ノヴェチェント美術館」からいったん宿に帰り、小憩ののち着替えてスカラ座へ出かけた。その夜の演目は大ダニエル指揮、リムスキー・コルサコフ作曲「皇帝の花嫁」である。（私とFは自分たちだけでダニエル・バレンボイムを大ダニエルと呼んでいる。小ダニエルはダニエル・ハーディングである。）スカラ座までは地下鉄に乗るとすぐだ。ところがポルタ・ヴェネツィアの地下鉄駅に行くと、入口の鉄扉がすべて閉じていた。出てきた職員に尋ねると、にべもなく「キューゾ！ closed」とだけ言って立ち去ってしまった。わけがわからない。夕方のラッシュアワーに、理由も告げないまま地下鉄が止まるなんて……。

あわててトラム（路面電車）で行くことにする。トラムを待つ中年夫婦に「地下鉄が止まっている。なぜ？」と問うても、「イタリアだから……」と肩をすくめただけだ。

数分の遅れでスカラ座到着。すでに開幕していて、本来予約してあった席には入れなかった。しかし、案内員が「幕間休憩までのあいだ」とのことでバルコニー席に案内してくれた。それはそれで興味深く、快適だった。これもイタリアだから?

大ダニエル指揮のオペラは過去にも何回か聴いたが、正直、粗雑に思えることがあった。ザルツブルグ音楽祭での「ドンジョヴァンニ」では観客席からブーイングも飛んだ。その上、彼ももう高齢なので、あまり期待はしていなかったのだが、今回は予想を裏切る好演だった。ロシア系の歌手たちもよかった。Fも大満足である。夜遅く、再びトラムで帰館。

翌日は疲れてなかなか動けなかった。ゆっくりとブレラ絵画館に向かい、マンテーニャ、ベルリーニなどに再会。その後、ネッキ・カンピーリオ邸美術館を訪れた。ミシン製造業で財を成したブルジョアの邸宅である。どちらも面白かったが、いまここでは詳しく述べる紙面がない。

ネッキ・カンピーリオ邸美術館
©Dario Crespi / Wikimedia Commons

白く輝く峰々

七日は日帰りでトリノに行くため高速列車を予約してあった。しかし、激しい疲労を感じた。胃痛、足腰の痛み、微熱もあった。迷った末に本日のトリノ行きをとりやめにし、一日延期してあす八日にトリノ行きを敢行することにした。

八日は朝六時起床。晴天。七時過ぎに出て駅へ向かい、トリノへ出発した。私にとって三度目のトリノ訪問である。最初は一九九六年。この時の旅の印象をもとに『プリーモ・レーヴィへの旅』を書いた。二度目は二〇〇二年、ＮＨＫのドキュメンタリー制作チームに同行して撮影した。この作品は「アウシュヴィッツ証言者はなぜ自殺したのか」というタイトルで放映された。それからさらに一二年後の今回、もう一度あの特別な都市を訪れ、その空気を呼吸してみたいと思っていた。何が変わり、何が変わらないままなのか。私自身はどう変わったのか。そのことを、あの場所に身を置いて感じてみたかったのである。

よく晴れた。ミラノを出てトリノへの道半ば、ナヴァラという都市を過ぎると、車窓から雪を頂いて輝くアルプスの峰々が遠望された。「安曇野みたい……」と、隣席のＦが声を漏らした。

安曇野とは長野県の一地方の呼称である。四方を険難な高山に囲まれた松本盆地の一部、北アルプスから湧き出る清流に恵まれた土地で、現在は観光業や果樹栽培で潤っているようだが、かつて

荻原碌山

は冷涼な気候の故に住民たちは貧苦と闘わねばならなかった。私の山荘からも車で一時間ほどの距離、さほど遠くない。私とFは、若い頃から何回となくこの地を訪れた。いまも遠来の客があると、この地によく案内する。

彫刻家・荻原碌山《おぎはらろくざん》（本名荻原守衛《もりえ》、一八七九―一九一〇年）は一七歳の時、故郷・安曇野の村で偶然、郷土の先輩相馬愛蔵《そうまあいぞう》のもとに嫁いできた相馬黒光《こっこう》に出遭った。一人の女性の姿を借りて、西欧の先進的な文化・芸術思潮の光が山里の奥に射し込んできたのである。多感な少年はその光に触れ、芸術家になることを決意した。一九〇一年に渡米し、苦学して西洋画の基礎を学んだ。〇三年アメリカからフランスのパリを訪れた碌山は、オーギュスト・ロダンの《考える人》を見て衝撃を受け、絵画から転じて彫刻を志した。一九〇六年にはアメリカから再度渡仏。〇七年《坑夫》を制作し、日本に帰国した。

相馬愛蔵とその妻・黒光は東京で中村屋という、当時はまだ珍しかったパン屋を開き、若い芸術家たちをおおいに支援した。そのため、中村屋は黒光を中心とする文化サロンとなった。やがて碌山は年上の人妻である黒光に激しい恋心をいだくようになり、その苦しみの中から骨を削るようにして作品を創り出していった。碌山は満三〇歳の若さで病死したが、その晩年の代表作は《デスペア》（一九〇九年）であり、《女》（一九一〇年）である。

碌山の作品は現在、安曇野市の碌山美術館に収蔵展示されている。入口には彼の座右銘が刻まれている。「Beauty is struggle 美は苦闘だ」

中村屋は東京の新宿に現存し、その一角はかつて黒光の周辺に集った芸術家たちの作品を展示する美術館になっている。

安曇野という美しく貧しい土地が近代日本に名を遺す芸術家や知識人たちを輩出し、そこで日本における自由主義的文化の一系譜が育まれた。小説『安曇野』の著者で文芸評論家の臼井《うすい》吉見《よしみ》（一九〇五―八七年）、筑摩書房の創業者・古田《ふるた》晁《あきら》（一九〇六―七三年）もこの地方の出身である。岩波書店の創業者・岩波茂雄《いわなみしげお》（一八八一―一九四六年）は、安曇野ではないが、同じ長野県の諏訪地方の出身である。

荻原碌山《女》（1910 年）

「アズミノ」という音の響きは私にたんなる地名以上のもの、「人文主義の光」のようなものを連想させる。Fが車窓の風景を見て漏らした一言は、もちろん白く雪を頂く山々の風光を言ったのだが、そのこと以上の意味が直感的にこめられているようにも思えた。同じように、「トリノ」「ピエモンテ」「アオスタ」といった音の響きは、私にとって、たんなる地名以上のものである。

カフェ・バラッティ

午前九時、トリノのポルタ・ヌオーヴァ駅に到着。街の印象は過去二度の訪問時とほとんど変わらなかった。同じイタリアとはいえ、ローマやミラノとはずいぶん異なる。人々の装いは地味で、その表情は沈静している。かつて投宿した駅横のホテル、チューリン・パレスを確かめに行くと、移転のため閉鎖していた。

親切な女学生に教えてもらって、駅前から公共墓地へ向かうバスに乗った。墓地に到着すると、見憶えのある正門から多くの人々が出入りしていた。天気の良い土曜日なので墓参に来ているらしい。何件か葬儀も行われていた。

広大な墓地に入ってユダヤ人墓域へ歩いた。だが、到着してみると、墓域の出入り口の鉄扉が閉じられ施錠されていた。金曜と土曜はユダヤ教の安息日にあたるので墓域の門を閉じるのである。そのことを知らないわけではなかったが、体調を崩してミラノで二、三日休んでいるうちに、曜日の感覚が狂ってしまったのだ。せっかくはるばる訪ねて来たのに、プリーモ・レーヴィの墓のそばまで近づくことができない。ただ、鉄柵ごしに、かねて見覚えのある墓標が見えた。そこには174517という数字が刻まれているはずである。アウシュヴィッツで右腕に入れ墨された囚人番号だ。
一九九六年の最初の訪問から一八年、二〇〇二年の二度目の訪問と撮影から一二年、レーヴィの墓碑を取り巻く灌木はさらに育ったようだ。その間にレーヴィの妻ルチアさんやトリノ在住のアウシュヴィッツ生存者ジュリアーナ・テデスキさんをはじめ関係者の多くがこの世を去った。まさしく生き証人たちが次々に消えていったのである。

プリーモ・レーヴィの墓標　トリノ市公営墓地

ユダヤ人墓域を立ち去るとき、以前は気づかなかったのだが、墓域の壁に白く大きな方形の銘板が取り付けられていることに気づいた。そこにトリノ地域のナチ＝ファシズムによるユダヤ人犠牲者の名が刻まれていた。「Leviという姓が多いね」とFが言った。たしかに、ざっと二〇名以上のLevi姓があった。

バスで市中のカステロ広場に戻り、懐かしいカフェ・バラッティで休憩した。私とFは一九九七年にハノーファーのシュプレンゲル美術館でフェリックス・ゴンザレス＝トレス（Felix Gonzalez-Torres、一九五七―九六年）の充実した個展を見たことがあった。キューバに生まれアメリカで活動したゴンザレス＝トレスは、一九九六年にエイズ合併症で世を去った。私たちが見たのは没後一年の回顧展だった。展示スペースの片隅に、まるで砂礫かセメントのようにキャンディーを積み上げた作品があった。

なんと微笑ましくオシャレなこと！　この作品に、私もFもすぐに魅了されてしまった。観客はその積み上げられたキャンディーを一つ二つ、もらって帰ってもいいのである。キャンディーの包み紙にBarattiと印刷されていた。トリノの老舗カフェのものだ。だが、あとになって考えると、あれはキャンディー製の墓碑だったのかもしれない。あのキャンディーの山の中に、膝を抱えて座った姿勢で作家の遺体が埋もれている。だがそれも無惨でも悲痛でもなく、あくまでこの作家らしくオシャレである。そんな妄想も浮かんだ。

カフェ・バラッティ

それから五年後の二〇〇二年に私たちは実際にカフェ・バラッティを訪れ、ドキュメンタリー制作チームの鎌倉英也《かまくらひでや》ディレクターに私から提案して、このカフェ店内を撮影した。私がコーヒーを嗜みながら地図を検討している場面である。今回、このカフェを再訪したのは、いくらか自分たちの過去を懐かしむ気持ちと、早世したゴンザレス＝トレスを追悼する思いによる。そのカフェ・バラッティで簡単に昼食を摂った。Fはうさぎのシチュー、私はカレー味の鶏料理。だが、味はいま一つだった。年月が経って味が落ちたか、それとも私たちが変わったのか。

証人

小憩ののちカステロ広場から路面電車でレ・ウンベルト街へ向かった。この街路もかつて訪れた場所である。少しだけ迷ったが七五番地のプリーモ・レーヴィの家を探し当てた。かつてとすこしも変わらぬ姿だ。レーヴィが父の代から住み、「皮膚のように馴染んだ」と形容した住まいである。表札を見ると四階の二軒はどちらもLevi姓である。いまはプリーモの息子一家が住んでいるのだろう。

すでに述べたとおり、二〇〇二年春に撮影したドキュメンタリー番組（「アウシュヴィッツ証言者はなぜ自殺したのか」NHK、二〇〇三年放映）のラストシーンは、私が妻ルチアさんへの手紙を、このレーヴィ宅に届けに出向く場面である。ルチアさんは入院して不在。私は一九八七年四月にレーヴィが身を投げて死亡した階段下のホールに立ち尽くした。

その時、私はいくつか重要なインタビューをすることができた。

第一は、ビアンカ・グイディティ＝セラさんとのものである。彼女は学生時代からプリーモ・レーヴィの親友であり、レーヴィの短編小説「鉄」（『周期律』新装版、竹山博英訳、工作舎、二〇一七年、所収）の登場人物で抵抗運動の過程でファシスト軍に射殺されたサンドロ・デルマストロの仲間でもあった。彼女自身はユダヤ人ではないが、大戦末期には「女性の擁護及び自由のために戦う闘争兵士を支援する会」（Gruppi di difesa della donna e per l'assistenza ai combattenti della libertà）という組織に属して抵抗運動に従事した。当時、ユダヤ人を匿ったり逃がしたりする活動に従事し、プリーモ・レーヴィの母親や妹とも連絡を保っていた。終戦後も生還したプリーモ・レーヴィとの親交は続いた。彼の自殺の数日前まで、ともに景色の良い高台を散歩したという。彼女は私たちに、プリーモ・レーヴィから送られてきた「灰色の領域」（『溺れるものと救われるもの』竹山博英訳、朝日選書、二〇一四年、所収）のタイプ草稿を見せてくれた。レーヴィと散歩したという高台に案内してもらうと、トリノ市を取り巻く白い山々を遠く眺めながら、「あの峠の向こうはフランス、私たちはあそこを越えてパルチザンに武器を運んだものよ」と、淡々と語ってくれた。戦後は弁護士として、満八〇歳で引退するまで活動した。

第二のものは、エイナウディ出版社のプリーモ・レーヴィ担当編集者であるヴァルテル・ヴァルベリス氏へのインタビューである。以下に、その内容を要約して紹介する。

「プリーモ・レーヴィはたんなる小説家というより「記憶の作家」であり、なによりもまず証人だった。現在、歴史修正主義や否定論的な傾向が見られるが、これはヨーロッパにおいて私たちが考えるべき一つの危機だと思う。こういった傾向こそが、証言の役割を果たす文学への関心を逆に高めていったのだ。その意味で、プリーモ・レーヴィの文学は大変重要な位置を占めている。

プリーモ・レーヴィはいつでも気さくな人だった。自宅によく招かれたが、きわめて質素な生活をしていた。決して相手に不快な思いをさせない繊細な人だった。彼が絶えず気にかけていたのは歴史の中で何が起きたのかをはっきりと理解し、その記憶を次世代に伝えることだった。でも、晩年の彼を悩ませていたのは、どちらかと言えば、個人的な、家庭の問題かもしれない。

もう一つ彼を悩ませていたのは、イスラエルとパレスチナの関係だった。彼はナチス・ドイツがポーランド人に対して行なったことを、イスラエルがパレスチナ人に対して行なっているのではないかと憂慮していた。彼は公式なユダヤ人社会との付き合いでとても苦労していた。ユダヤ人社会は同じユダヤ人である彼がイスラエルの政治に反する考えをもっていることに耐えられなかったのだろう。プリーモ・レーヴィのような人物から与えられた証言を受け継いでいく倫理的な使命が私たちにはあると思う。」

ジュリアーナ・テデスキさんにもインタビューすることができた。彼女もアウシュヴィッツからの生還者である。プリーモ・レーヴィの友人であり、一九六五年の収容所解放記念式典に際しては、彼とともにアウシュヴィッツを再訪した。また彼女は長い間、高校の教師を務めたが、先のヴァルテル・ヴァルベリス氏は彼女の教え子の一人だということだった。彼女の左腕には囚人番号の入れ墨が残っていた。「この番号をレーザー手術などで消す人もいますが、私は決してそんなことはしたくありません。むしろ、寒くなっても半袖を着て、できるだけ人の目に触れるようにしてきました。これは私たちが死ぬまで背負っていく務めですから。でも、『どうして、そんなところに電話番号をメモしてるの？』なんて尋ねられることもあります。」

「人類は今後、人種、民族、宗教などの障壁を克服して平和に共存していけると思いますか？」という私のナイーヴな問いには、彼女は首を左右に振って、「そう思いません。少なくとも私が生きているうちには無理ね」と答えた。

老パルチザン

この二〇〇二年のトリノ訪問時に、もう一つ、きわめて印象的な出会いがあった。プリーモ・レーヴィがファシストに逮捕された現場、トリノから北方に二、三時間のアオスタ渓谷に住む老人である。彼は連行されていくプリーモ・レーヴィの姿を目撃した。その後、召集されてユーゴスラビア戦線での戦闘を経験した彼は、帰国後みずからもパルチザン部隊の一員となってナチ＝ファシストと闘った。親しい友人の何人かがファシスト軍に殺害されたが、彼は運よく生きて終戦を迎えた。

週末の午後はかならず村のカフェでサッカーのテレビ中継を楽しむことを習いとしているという彼をそのカフェで探し当て、高い峠にあるプリーモ・レーヴィ逮捕の現場まで案内してもらった。そこには記念碑が据えられ、「暖かな家で／何ごともなく生きているきみたちよ……」と始まる『アウシュヴィッツは終わらない』冒頭の詩が刻まれている。その場所に向かう車中で、なぜパルチザンに加わったのかという私の質問に、「リベルタ（自由）」と、老人は歌うようにつぶやいた。

「リベルタ……言葉の原点だよ」と。

「戦争が終わってから、あなたの生活はどうなりましたか？」と尋ねてみた。世間の賞賛を受けたのか、報償はあったのか、といった意味だ。老人は問いの意味をはかりかねるように、「どうって？　前のままだよ」と答えた。自分は何も特別なことをやっていない、ごく普通の暮らしを取り戻しただけだ、と言っているようだった。老人はもともと、険しい山岳地帯を走る高圧電線の保安作業員であった。厳冬の冬山を歩きまわって電線の保安作業にあたった。戦後もその同じ作業に復帰して定年まで勤め上げたのである。案内を終えた老人は、山小屋のような自宅に私たち撮影チームを招き、飲め飲めと葡萄酒を勧めた。

私が子供だった頃、日本社会の進歩的な人々の間で「イタリア・パルチザンの歌」がよく歌われた。いまは記憶している人もほぼいないだろう。その歌詞は、うろ覚えだが、こんなふうだ。

「ある朝、目ざめて、さらば、さらば恋人よ、目ざめて我は見ぬ、攻め入る敵を。いくさに果てなば、さらば、さらば恋人よ、いくさに果てなば山に埋めてよ……」

この老人も、若い頃、同志たちとこの歌を歌ったのだろうか。のちに、パレスチナで平和運動を持続的に展開するイタリア人市民団体について教えられたことがある。彼らはパレスチナ住民への暴力を阻止するため、武装したイスラエル軍の前に素手で入り込み、声を合わせて「チャオベラ、チャオベラ（さらば、恋人よ）」と歌うのだという。そのメンバーの大半はごく普通のイタリア市民たちで、年次休暇を取ってパレスチナにやって来るのだそうだ。この話を聞いた時、あのアオスタ渓谷の老人のような庶民たちが今も生きていて抵抗の伝統を受け継いでいる。そう思ったものだが、さて、現在はどうであろうか？

アルプス登山中のプリーモ・レーヴィ

レ・ウンベルト街はナタリア・ギンツブルグの小説『ある家族の会話』に活写されたトリノの知識人たち、レオーネ・ギンツブルグ、アドリアーノ・オリベッティ、チェーザレ・パヴェーゼなどが行き交った街である。エイナウディ出版社もこの街にある。戦中は反ファシズム運動の拠点であり、戦後は共和制を実現した進歩的運動の知的・文化的基盤となった場所である。その広い街路に立って、少し顔を挙げてみると白く輝くアルプスの峰々が目に入る。その険しい峠を反ファシズム闘士や亡命者が行き来したのである。

「人間性の理想に白く輝く峰々」、私はドキュメンタリー撮影のために訪れた時、トリノの周囲を取り巻く峻険な山々を指してそう呼んだ。いまも、山々は変わりなくそこにあるが、理想の輝きは脅かされている。反ファシズム闘争を担い、戦後イタリアの豊饒な知的文化を形成した世代はほとんど退場して、いまは粗野で浅薄なポピュリストの蛮声が社会を席巻しようとしている。これはイタリアに限ったことではない。全世界的な現象であり、日本でこそいっそう深刻である。アウシュヴィッツからの解放後四〇年以上にわたって「人間性」の再建のために困難な証言者の役割を担ったプリーモ・レーヴィが、いま生きていたとしたら、この社会をどうみるだろうか、そして、なんと言うだろうか。

トリノ（II）

チェーザレ・パヴェーゼ

チェーザレ・パヴェーゼ

一九九六年一月、雪の降る日、私は初めてトリノの地に立った。今回同様、ミラノから列車でポルタ・ヌオーヴァ駅に着き、駅のすぐそばのチューリン・パレスというホテルに荷を解いた。さぞかし、かつては賑わっただろうと思われる大型ホテルだが、すでに老朽化して閑散としていた。いつもの習慣で洗濯をしてから、部屋で少し休んだ。

私はいつも旅に出ると、それと意識していない時でも、さまざまな死者たちの気配を感じる。むしろ、それを求めて歩き回っているような傾向がある。

この時の旅の目的はプリーモ・レーヴィが一九八七年に自殺した彼の自宅と、その葬られている墓所を訪れることだった。だが、予約なしにこのホテルに入って、ガランとした広い部屋で横たわっているうちに、ふいに、チェーザレ・パヴェーゼ(Cesare Pavese、一九〇八—五〇年)に想いがいたった。ひょっとするとここが一九五〇年に彼が自殺したそのホテルだろうか……。パヴェーゼはトリノ駅前にあるホテルで自殺した、という情報は旅に出る前に読んでいたが、ホテル名までは記憶していなかった。古びたホテルの薄暗い廊下や階段の踊り場に、その気配が満ちているように感じる。死者が自分を呼び寄せたのか。私には気味悪いとか、恐ろしいといった感情は少しもない。

ヴィットリオ・エマヌエル二世通

むしろ、沈潜した、静かな親しみのような感情があった。
のちに日本に帰ってから調べてみて、これは私の思い込みに過ぎなかったことがわかった。その場所は、やはり駅前にあるホテル・ローマの一室だということだった。最初にこの都市に着いたあの時、あてもなく夕方の街に出た。駅前を東西に走っている広い道はヴィットリオ・エマヌエル二世通である。統一後誕生したイタリア王国の最初の王の名を冠しているのだ。通りを横断して市の中心部に向かう道がローマ通だ。真っすぐに伸び、アーケードの舗道に賑やかなブティックが軒を連ねるローマ通にそのホテルはあるという。そうとは知らないまま、一九九六年の私は、この道をふらふらと往来していたのだ。

二〇〇二年に再びトリノに来た時には、ホテル・ローマを探してみようという気持ちがあったのだが、撮影クルーと同行していたため時間に追われ、探し出すことができなかった。今回はミラノからの日帰り旅行で、ローマ通りをつぶさに見て回る余裕はないし、私にも、どうしてもそうしたいという気持ちがない。老いて疲れたせいもあるだろうし、二十年近く前のあの時、老朽化したホテルの一室で感じた気配の記憶だけで十分だという思いもあった。

レ・ウンベルト通

プリーモ・レーヴィが自殺した家はレ・ウンベルト通の七五番地にある。

レ・ウンベルト通はローマ通りに並行し、市の中心部から南西方向に走っている。街路の両側には一九世紀末頃に建てられた、年季の入ったアパートが並んでいる。華美な装飾もなく実用的な印象の、落ち着いた風景である。

「この街の基本的な性格はメランコリーだ」と、ナタリア・ギ

ナタリア・ギンツブルグ

ンツブルグ(Natalia Ginzburg、一九一六―九一年)は書いている。「遠く消え去りそうなポー河は、真昼でも夕暮れを思わせるスミレ色の霧の地平に消えてゆく。どこにいても煤煙の憂鬱で忙しげなあのにおいがして、列車の警笛の音が聞こえてくる。(中略)私たちの街は、今では私たちもそのことに気づいているように、私たちが喪ったあの友人に、この街を好んだあの友人に似ているのだ。私たちの街は、彼がそうだったように、よく働き、眉間にしわを寄せて、熱心にそしてひたむきに活動している。それでいて、やる気がなく、無為に日々を過ごし、夢見がちでもあるのだ。」(ナタリア・ギンツブルグ「ひとりの友人の肖像」一九五七年、ノルベルト・ボッビオ著、中村勝巳訳『光はトリノより――イタリア現代精神史』青土社、二〇〇三年より)ここで「私たちが喪ったあの友人」というのは、チェーザレ・パヴェーゼのことだ。

憂鬱な都市

トリノは、私が知る他のイタリアの都市とはかなり相貌が異なる。例えばオルビエートやサン・

ジミニャーノは中世城塞都市。フェッラーラやフィレンツェはルネサンス都市であろう。ローマは古典古代から現代までが重層的に入り組んだ空間である。トリノはこれらの都市よりは年齢が若い。いわば産業革命の雰囲気を残す、近代都市である。街路を行き交う人びとの表情までもが、ナタリアの言うとおり、どこかメランコリックで、実務的な印象だ。

トリノはかつてフランス・ブルボン王朝の事実上の属国サヴォイア公国の首都であった。一七世紀末になって啓蒙専制君主ヴィットリオ・アメデーオのもとにフランスからの独立を実現、一七二〇年にサルディニアを獲得してサルディニア王国となった。この時に、今日のトリノ市の基盤が整備され、産業が興り中産階級が育ってイタリアの近代が準備された。この地を震源地としてリソルジメント（イタリア統一運動）がイタリア全土に広がり、一八六〇年、サルディニア王国が他地域を併合するという形でイタリア統一国家が成立した。

アントニオ・グラムシ

第一次世界大戦後、この都市は社会主義・共産主義運動の中心地であったため、「イタリアのペトログラード」と称された。その時期のトリノを象徴する人物として、アントニオ・グラムシ（Antonio Gramsci、一八九一―一九三七年）

を挙げることができる。（トリノは自動車産業で繁栄したため、「イタリアのデトロイト」と呼ばれた時期もある。）

一八九一年サルディニア島生まれのグラムシは一九一一年、奨学金を得てトリノ大学に入学。大学の友人にトリアッティがいた。一三年以来、イタリア社会党に所属して労働運動に奔走、自主管理を軸とする工場評議会運動を展開した。二一年、イタリア共産党の結成に加わり中央委員会委員に選出された。一時期亡命生活を送ったソ連から二二年に帰国し、二六年ファシスト政権に逮捕された。獄中でも思索と執筆を続け、三三冊にのぼる『獄中ノート』を残したが、三七年四月、釈放直後に脳溢血で死亡した。同時代の思想家ピエロ・ゴベッティは「本当に稀にしか見ることのできない誠実さと謙虚さ」と、グラムシの「道徳的資質」を称え、その人柄をこう評している。「孤独で、情愛をもたず人生の喜びを知らないこの青年の内には、大きな内面的苦悩、おそるべき分裂があって、それが彼を内面において、ほとんど無意識のうちに、使徒、苦行者にしてしまった。」（ノルベルト・ボッビオ前掲書）

ファシスト政権による投獄と流刑を経験したチェーザレ・パヴェーゼやレオーネ・ギンツブルグなど「反ファシズム第一世代」は、グラムシの二〇年ほど年下にあたる。さらに一〇年ほど年下にプリーモ・レーヴィがいる。レーヴィは「カリウム」（『周期律』所収）でこう述べている。「これら「第一世代」がファシズムの「鎌の一撃」によって刈り取られたため、「これらの人の名は私たちに何の意味も持たなかった。（中略）だから無から始める必要があった。私たち流の反ファシズムを、作り出し」、芽から、根から、私たち自身の根から育てる必要があった。」

レーヴィはこのように上の世代との断絶を語っているが、それにもかかわらず、たとえ切れ切れにではあれ、第一次世界大戦からファシズム期を経て、反ファシズム運動にまで連綿と継承された知的抵抗の水脈がここにある。それはこのトリノという都市の空気が育んだものだ。

私は二〇〇二年にこの地を訪れた際、前記したエイナウディ出版社の編集者ヴァルベリス氏に同社で面会した。暖炉と楕円形の広いテーブルがある会議室に通され、そこで二時間ほどプリーモ・レーヴィの思い出を聴いた。この部屋で、このテーブルに向かって、プリーモ・レーヴィ本人が座っている映像を見たことがある。ちょうど私が座ったところの対角線の位置だ。いや、かつて社長のジュリオ・エイナウディと、編集部の中核チェーザレ・パヴェーゼ、レオーネ・ギンツブルグ、そして戦後にはナタリアも、この同じ楕円テーブルを囲んで向かい合ったのだ。

フランチェスコ・ロージ監督の映画『遥かなる帰郷』

私はヴァルベリス氏に東京で見たフランチェスコ・ロージ監督の映画『遥かなる帰郷』（一九九七年）の感想を語った。原作はプリーモ・レーヴィの小説『休戦』である。ソ連軍によってアウシュヴィッツから解放された主人公が、ロシアでの艱難辛苦の一〇か月を経て、生まれ故郷トリノに帰還する物語である。作品のタイトルは、アウシュヴィッツからは解放されたものの、それはごく短い「休戦」に過ぎないという含意である。私はこの映画に失望した。作品そのもののコンセプトとして重要ないくつかの場面で、原作に忠実ではなかったからだ。そのことがよく現れていたのは、レーヴィたちイタリア人を積んだ帰還列車がミュンヘン駅に一時停車する場面である。駅で労役に服していた元ドイツ軍兵士がレーヴィたちアウシュヴィッツ生存者に気づき、悔恨と苦悩をあらわにしてがっくりと膝をつく。しかし、原作の記述はこれの正反対だ。ミュンヘン駅で停車中、あたりを歩き回ったレーヴィは、過去に目をふさぎ、かたくなに口をつぐむドイツ人たちを見たと記している。

このことを私が述べると、ヴァルベリス氏は、「あれは娯楽映画です。それに、監督は〈南の人間〉だから」と肩をすくめてみせた。〈南〉の人間はほんとうのことがわかっていない、という意味らしい。これは単に地理的な南北を境に住民の気質の差異を語った冗談ともとれるが、この場所で聞くと、もっと深い含意があるかもしれないとも思える。イタリアの南部はシチリアに上陸して北上する連合軍によって、いわば他力で解放された。それに対して北部は、ナチス・ドイツによって占領され、多大な犠牲を払った抵抗闘争の結果、自力でみずからを解放したのである。戦後のイタリア社会で〈北〉が主導権を発揮したのも自然の成り行きであった。トリノはその政治的・文化的中心であった。

ある家族の会話

ナタリア・ギンツブルグの小説『ある家族の会話』（須賀敦子訳、白水Uブックス、一九九七年）は、あの時代、つまり一九二〇年代から三〇年代にかけて、トリノに行き交った反ファシズム知識人たちの愛すべき生態を生き生きとした語り口で描いたものだ。私がかりにこれまでの人生で読んだ面白い小説を一〇冊挙げるとすれば、必ずその中に入る作品である。

著者ナタリア・ギンツブルグの結婚前の姓は、プリーモ・レーヴィと同じレーヴィである。頑固な父親ジュゼッペは解剖学の教授、母親リディアはワグナーの「ローエングリン」を歌い、プルーストを読む。三人の兄と、一人の姉がいた。一家はユダヤ系だが、母親だけが非ユダヤ人だった。一家はレ・ウンベルト街の、「並木道に面した、古ぼけた背の低い建物」の一階に住んだ。祖父の代から社会主義者たちと親交があり、一家そろって反ファシストであった。兄たちや父は反ファシスト運動に加担して逮捕や亡命を繰り返す。ナタリア本人も運動の指導者であったレオーネ・ギンツブルグと結婚した。

一家の全員が特異な性格の持ち主だが、とくに母親を描写するナタリアの筆致に、私は何度も抑えきれずに笑いを漏らした。

「母についていうと、彼女はずっと楽天的な性格で、かならずいつかどんでん返しがおこるにちがいないと信じていた。（中略）朝、母はこう言いながら散歩に出かけた。『まだファシズムが生きているかどうか、ちょっと見てくるわね。誰かがムッソリーニをひきずりおろしてくれたかどうか、見てくるわね』行くさきざきの商店で、彼女は人々のことばのはしや噂話を聴きあつめては、心の慰めになるような未来のきざしをその中に読み取って帰った。そうして昼食のとき父に言った。『あちこちひどい不平だらけよ。だれひとりもう我慢できないみたい』『誰がそう言った！』と父は怒鳴った。『八百屋がそう言ってたわ』……」

やがて息子たちが逮捕され、夫までが拘束された。母は着替えや食料の差し入れに励み、コネをたどって情報収集に努めた。その口ぐせは「ドレフュス事件とおんなじだわ」だった。しばらくして夫が釈放され、続いて息子も釈放されると、母はこうこぼした。「やれやれ、また退屈な毎日がはじまるのねえ！」（ナタリア・ギンツブルグ『ある家族の会話』以下『ある家族』と略す。）

アドリアーノ・オリベッティ（Adriano Olivetti、一九〇一―六〇年）が初めてナタリアの家に来た時のことだ。「当時アドリアーノは兵役中だったので軍服を着ていた。（中略）灰緑色の軍服に、ベルトにはピストルまでつけていながら。あれほどぎこちない、あれほど凛々しさのない兵士を私は後にも先にも見たことがない。アドリアーノはほんとうに憂鬱そうな顔をしていた。軍隊生活がよほど面白くなかったのだろう。（『ある家族』）

だが、その「冴えない」アドリアーノは反ファシスト地下運動の活動家であり、ナタリアの兄ジーノの友人かつ同志であった。彼はナタリア一家に匿われていた老社会主義者トゥラーティをパリに亡命させる手引きもした。別の兄マリオも彼の手助けで国境の川を泳いでスイスに逃れフランスに亡命した。彼はナタリアの姉パオラと結婚し、文字どおりこの家族の一員となった（戦後に離婚）。

オリベッティ家もユダヤ系であり、創業者カミッロ・オリベッティは社会主義者で反ファシストであった。アドリアーノは一九三三年以降、つまり反ファシスト運動に従事していた時も、同社の二代目社長であった。自身にも幾度となく危険が迫ったが、辛うじて逮捕を免れていた。彼はその独特な「情報網」から得た情報をナタリアの一家にもたらした。ナタリアの母は彼が大好きで、この二人はいつでも楽観主義者だった。

アドリアーノ・オリベッティ

「いまやアドリアーノは著名な実業家になっていた。それでもまだ兵隊だった若い頃と同じ、あのどことなく迷い犬のような雰囲気を持っていた。足をひきずって、なにか浮浪者じみた、孤独な人間の歩き方を彼はした。あいかわらず内気だった。」（『ある家族』）
ローマでレオーネが逮捕された夜、アドリアーノはナタリアと子供のいるアパートに駆けつけて彼女と子供を救出した。

「あの見慣れた幼なじみのアドリアーノがあの朝、私の目の前に現れたときの深い安堵の気持を私は生涯忘れないだろう。そして部屋から部屋へ散らかった私たちの衣服や子供たちの靴などを次つぎと背をかがめてひろい歩く、謙虚で慈愛に満ちた、忍耐強い善意にあふれた彼の姿を私は決して忘れることがないだろう。その家を脱出したとき、アドリアーノは、昔トゥラーティを迎えにわが家に来たときの顔、だれかを救出するときのあの動転した、息づまるようでいて幸福そうなあの顔をしていた。」（『ある家族』）

私は二〇〇二年、前記した元パルチザンの老人に会うためトリノからアオスタに向かう道中でイヴレアを通過した。清浄な山の懐に抱かれるように工場の白い建物が見えた。「あれは？」と尋ねると、「オリベッティ」という返事だった。その名は私には、その洗練された音の響きとともに、タイプライターの製造会社として記憶されている。私が大学生になった頃、つまり一九六〇年代末頃には、スタイリッシュなデザインのオリベッティ・タイプライターは日本でも私たち学生の憧れの的だった。その有名企業の社長が、あの困難な時代に、反ファシズム活動家だったのだ。まるでファンタジーの

イヴレアのオリベッティ工場
©Laurom / DieBuche / Wikimedia Commons

ような話ではないか。

レオーネ・ギンツブルグ（Leone Ginzburg、一九〇九―四四年）はロシア（現ウクライナ）のオデッサに生まれ、幼い頃にイタリアに移住したユダヤ人である。エイナウディ出版社創立メンバーの一人であり、ナタリアと出会った当時はトリノ大学ロシア文学講師だった。当時、大学教員にも強制されたファシズム体制への忠誠の誓いを拒否した。出版社の社長はジュリオ・エイナウディ、レオーネの他もう一人の社員はチェーザレ・パヴェーゼであった。彼らは雑誌「クルトゥーラ（文化）」の発刊を企画。立案と思想上の方針を提示していたのはレオーネだった。

ジュリオ・エイナウディ（左）

ナタリアの父はある日、息子マリオがレ・ウンベルト通りでレオーネ・ギンツブルグと歩いているところを見かけ、帰宅してから「二人はどんな関係だ」と妻（ナタリアの母）に尋ねた。母は「ものすごく教養のある、とても頭のいい人でね、ロシア語の翻訳しているのだけれど、素晴らしい訳をする人よ」と答えた。父は言った、「それはどうだか知らないがひどい醜男だ。まあ、ユダ

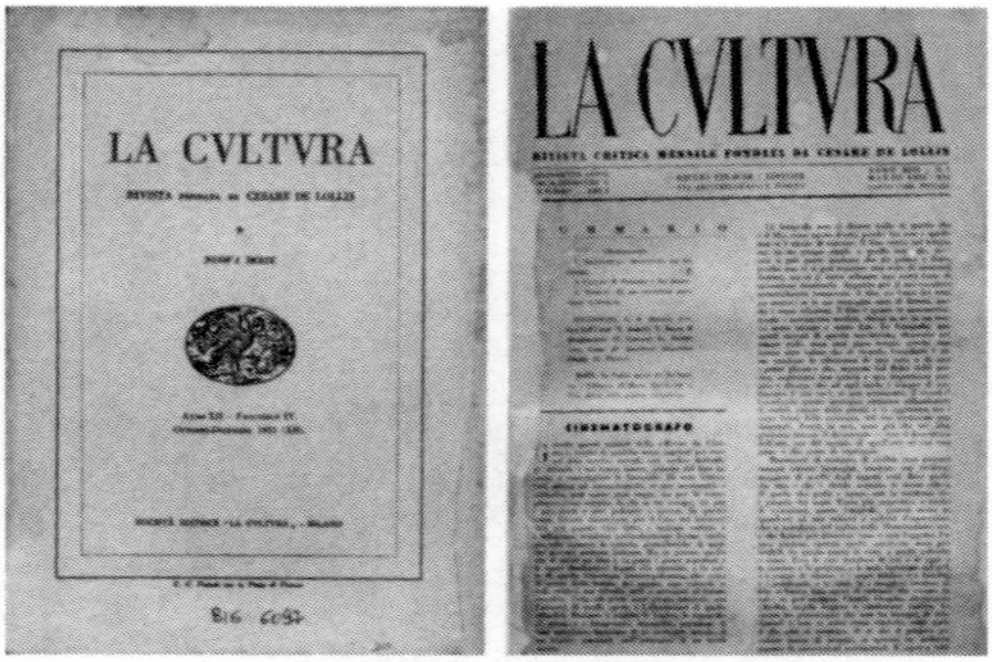
LA CVLTVRA
LA CVLTVRA
CINEMATOGRAFO

雑誌「クルトゥーラ」

ヤ人はだいたい醜男と相場は決まっているが」「じゃ、あなたは？」と母は訊いた。「あなたはユダヤ人じゃないの？」「だからさ、おれも醜男さ」と父は答えた。父はその後もこんなことを言った。レオーネはスペイン系ユダヤ人（セファルディーム）だから醜男だ、自分は東欧系（アシュケナージム）だから「あれよりはましだ」と。（『ある家族』）

レオーネは一九三四年三月、「パリの亡命者たちと共謀した反ファシズム・グループ事件」の主犯として「禁固四年」を宣告され、チヴィタヴェッキアの拘置所に収監された。翌年五月、パヴェーゼも約二百人のトリノ知識人とともに検挙され、雑誌「クルトゥーラ」は執筆者の大部分が逮捕されたため終刊に追い込まれた。プリーモ・レーヴィの言う「鎌の一撃」である。パヴェーゼは「流刑三年」を宣告された。彼はこの経験をもとに、のちに長編『流刑』を書いた。

一九三六年、レオーネとパヴェーゼは同じ時期に減刑釈放されてトリノに戻り、エイナウディ出版社を拠点に活動を再開した。「夕食後の時間をレオーネはいつもパヴェーゼといっしょにすごした。二人はずっと前から友だちだった。パヴェーゼも流刑地から帰ったばかりだった。不幸な恋をして破れたばかりの彼はそのころひどくふさいでいて、夜になるとレオーネのところにやってきた。

外套掛けにリラ色の襟巻と背バンドのついた外套をかけると、食卓の前の椅子に座った。」「レオーネは投獄される以前は社交的な集まりに出るのが好きだった。少し吃るくせがあったにもかかわらず、人をひきつける話し上手だった。そして、ほんとうはまじめな事柄について一瞬の休みもなく考え続けているくせに、世にもくだらないゴシップにも通暁していた。それは人間に対する好奇心が旺盛だったこと、記憶力が抜群で、もっともくだらないゴシップにいたるまで保持する能力があったからである。」（『ある家族』）

ナタリアとレオーネ・ギンツブルグ

ナタリアはレオーネの求婚を受け入れて結婚する。父は「身分が不安定」というもっとも至極な理由で反対したが、母は「でもファシズムが倒れたら、レオーネはかならず偉い政治家になる人だわ」と反論した。その後、レオーネは一九四〇年に南イタリアのアブルッツォ地方に流刑され、彼との間に二人の子をもうけていたナタリアは子供たちを連れて流刑地に同行し、流刑地で三人目の子を産んだ。ナタリアはこの流刑地で小説を書き、偽名で発表した。

レジスタンスたち

レオーネは流刑の身で反ファシズム活動を再開し、一九四三年九月以降、行動党機関紙の編集長となってローマ市中の地下印刷所で同紙の発行にあたった。四三年一一月一九日、ファシスト警察に逮捕され、ドイツ軍に引き渡されて、四四年二月五日、レジーナ・チェーリ刑務所で残酷な暴行のため殺害された。三四歳であった。

一九五二年にエイナウディ出版社から刊行された『イタリア・レジスタンス刑死者の手紙』（日本語版、P・マルヴェッツィ／G・ピレッリ編、河島英昭他訳『イタリア抵抗運動の遺書』冨山房、一九八三年）に、レオーネからナタリアへの最後の手紙が収められている。以下はその一部。

「創作にうちこむことによって、こみあげてくる涙を忘れてもらいたい。何でもよい、社会的な活動をすることによって、他の人たちの世界に接してもらいたい。……僕は最近ふたりの生活を反省してみた。ぼくたちの唯一の敵（ぼくの結論だ）はぼくの恐怖だった。何度か、何かの理由でぼくは恐怖に襲われた。その都度、それを克服し、おのれの義務をないがしろにするまいとあらん限りの力を注いだ。（中略）何ときみを愛していることか。もしきみがいなければ、ぼくは喜んで死ねるのだが（これも最近、到達した結論だ）。しかしぼくはきみをうしないたくない。そしてきみは決して死んではならない、万一、ぼくがいなくなっても。」

ムッソリーニは一九二二年に権力を奪取してイタリアの首相になり、二五年（日本で治安維持法が公布された年）にファシズム独裁を宣言した。ファシスト政権はスペイン内戦においてはフランコ派を支援し、三七年に日本・ドイツと三国防共協定を締結した。ナチスにならって人種法によるユダヤ人排斥を実行し、第二次世界大戦においては日独とともに枢軸国側として連合国と戦った。

四三年、スタリングラードでのドイツ軍敗北と連合軍のシチリア島上陸によって戦局が転換すると、ムッソリーニは国王によって解任され、失脚した。しかし、ドイツ軍がイタリア北部を占領し、ムッソリーニを救出して傀儡政権を樹立させ、戦争とファシズム体制を継続しようとした。

この時期を前後して、イタリア各地で多様なパルチザングループが活動を活発化させ、各グループ連合体としてイタリア解放委員会（CLN）を結成した。CLNを構成したのは共産党、社会党、行動党、キリスト教民主党、自由党、労働民主党の六党であった。行動党とは早い時期から反ファシズム運動を続けてきた進歩的リベラル政党であり、その武装組織「正義と自由」は一九二九年に亡命先のパリで結成された。レオーネ・ギンツブルグをはじめナタリアが描いた物語に登場する人々の多くは「正義と自由」の一員として活動したのである。プリーモ・レーヴィも、レオーネたちに遅れて「正義と自由」に参加したが、アオスタ渓谷でパルチザン活動中に逮捕され、ユダヤ人であったためにアウシュヴィッツに移送された。

一九四五年四月二七日、ムッソリーニはコモ湖畔でパルチザンに捕えられ、翌日、処刑された。五月にはドイツが降伏した。『イタリア・レジスタンス刑死者の手紙』は、この時期の反ファシズム闘争の過程で命を奪われた多様な人々の遺書を、党派の別を超えて広く集めたものだ。ここに集められた「刑死者の手紙」に、政治的理念や信念を整然と披瀝したものは多くない。むしろ、死を前にした極限的な状況の中で、最後の思いが素朴な短い言葉に凝縮されている。遺書を書いた人たち（すなわち虐殺された人たち）の、ほとんどが無名の民衆たちである。

二〇歳の機械工アルマンド・アンプリーノは「山岳地帯での、長く厳しい暮らしのあとで、こんなふうに死ななければならないなんて……もうすぐ、聖体を届けてくれる刑務所付きの神父様に立ち合ってもらい、落ち着いた気持ちで死にます。あとで神父様のところへ行ってください、埋められた場所を教えてくれるでしょう」と書き遺した。六一歳の仕立屋ジュゼッペ・アンセルミは残される家族にこう書いた。「今夜、処刑されることを告げられた。……いいかい、私は無実であり、恥知らずな人たちが企んだ罠の犠牲になったのにすぎない。だから、お前たちは前よりももっと胸を張っていいのだ。」

四一歳の家具職人ピエートロ・ベネデッティは子供たちに書き遺した。「勉強と労働を愛しなさい。正直な生き方こそ、何ものにもまさる、生きる者の勲章なのだ。……人類への愛を信条にして、お前たちと同じ人たちの求めと苦しみにつねに心をくだきなさい。自由を愛し、この宝のためにはたえざる犠牲を、ときには命をも捨てなければならないということを忘れてはいけない。奴隷の生ならば生きないほうがましだ。母なる祖国を愛しなさい。しかし、真の祖国は世界であること、どこにもおまえたちと同じ人たちがいて、彼らはおまえたちの兄弟だということを忘れないように。」

序文を寄せたE・E・アニョレッティは、解放闘争中は行動党の代表的存在であり、解放後は数々の平和運動の推進役となった。彼の双子の妹は反ファシズム闘争の過程で逮捕され、凄惨な拷問の末に銃殺された。その序文に次のくだりがある。「(収められた手紙には)一貫してひとつの精神が流れており、それは人間性と勇気がいかに最後まで失われなかったかを、また、二〇年間のフアシズムの罪があの犠牲者たちの魂によっていかに不当に贖われたかを、後世まで証言しつづけていくであろう。イタリアの民衆はあの時代に良識を見出すことができたのだった。その後には正義の実践を怠ってきたけれども。」

ここに二つの重要な要素が含まれている。一つは、イタリア民衆が自ら多大な犠牲を払って解放を戦い取ったという「自信」である。もう一つは、解放わずか七年後に書かれたこの序文にすでに「正義の実践を怠った」という苦い反省がみられるように、こうした闘争の成果は急速に風化するという教訓である。

文化の光

戦争が終わり、ナタリア・ギンツブルグはエイナウディ出版社に迎えられた。

「ファシズムの時代には小説家も詩人も使えることばをとりあげられてしまったので断食を強いられたような状態だった。それでも言葉を使い続けた少数の人々は、まだ残っている少数のことばのかけらを、大切に大切に気をつけて使った。（中略）ところがふたたびことばが豊富に出まわるようになり、現実は手をのばせばとどくところに戻ってきた。そこで年老いた断食僧たちは歓声をあげて、あたらしいぶどうの収穫にいそしんだ。（中略）われもわれもとあらゆる人がこれに参加することに決め、その結果、詩と政治の用語の境界線がぼやけ、大混乱が生じた。やがて現実というものは夢の世界におとらず複雑で神秘的で不可解であるということが徐々に理解されはじめた。（中略）そして最初の陽気な収穫期がすぎてみると、戦後は悲惨で失望に満ちていた。」（『ある家族』）

ナタリアの物語はパヴェーゼの追憶でほとんど終わる。

「パヴェーゼはある夏、私たちがだれもトリノにいない時に自殺した。彼は自分の死に関連する諸状況を、まるで散歩の道すじかパーティーの計画をたて用意をととのえる人のように、細かく準備し計算した。（中略）彼は何年も前から自殺すると言い続けていたので、もうだれもそれを本気にしていなかった。（中略）戦争が終わった途端に私たちは次の戦争を恐れはじめ、戦争について絶えず考えるのがくせになってしまった。そしてわれわれの仲間で次の戦争をだれよりも恐れていたのは彼だった。」（『ある家族』）

ナタリアは一九五〇年に英文学者ガブリエーレ・バルディーニと再婚し、ローマに移った。

「私の愛していたのは、レ・ウンベルト通りにあるカフェ・ブラッティから数メートルの距離の、かつてバルボ夫妻が住んでいた家から数メートルのところにある、またパヴェーゼが死んだアーケードのあのホテルからも数メートルしか離れていないあの出版社だったのだ。」（『ある家族』）

ローマに移ったあと、ナタリアは生涯の代表作となるいくつかの作品を著した。『ある家族の会話』は一九六三年刊、大著『マンゾーニ家の人々』は八三年刊である。この間に上院議員を務めたこともある。九一年、満七五歳で没した。

私にも、この短いトリノ訪問を終えてミラノに戻る時が近づいた。乗り慣れた路面電車に乗り、車窓を過ぎゆく、旧い友人のように見慣れたレ・ウンベルト通りの眺め、交差点を過ぎるたびに瞬間的に遠望できるアルプスの頂きを見送りながら、ポルタ・ヌオーヴァ駅に向かった。駅舎は大規模改築工事中だったが、数多くの華やかな商店やカフェが出店していた。「ヴェンキ」という店でチョコレートを買って、Fと分け合って口に含んだ。

私の知るトリノ、あの煤けたような、憂鬱そうなトリノの相貌がまた失われていくように思えるのは、旅行者の感傷だろうか。あらゆる場所で、あらゆるものが急速に浅薄になっていく。優れた人々、善き人々は去っていく。要するに、過ぎ去るのだ。

この都市は過去一世紀の間に、グラムシからギンツブルグ、パヴェーゼを経てプリーモ・レーヴィに至る知識人たちを輩出し、豊饒な文化的資源を全世界に供給してきた。拷問、虐殺、追放、亡命、裏切り、……その経験の中から、彼らトリノの知識人たちが発した文化の光、そしてナタリア・ギンツブルグの作品、またプリーモ・レーヴィの作品にも輝く、あの驚くべきユーモア！　知的なヒューマニズムの極致としてのユーモア。極東に生を享けたディアスポラである私も、その光から刺激と恩恵を受けたものの一人だ。それも一瞬の光芒に過ぎなかったのか。

ミラノ

マリオ・シローニ

三月八日土曜日、一五時五〇分トリノ発の超特急でミラノに戻った。ミラノ駅に着いてみるとまだ陽が沈まず明るさが残っていたので、駅から宿所への帰途、ボスキ・ディ・ステーファノ邸美術館に行ってみた。ミラノにはかつて貴族や金持ちの屋敷を美術館として公開しているところがいくつかある。そういう小さな美術館を見てまわることも楽しみの一つだ。一昨日訪れたネッキ・カンピーリオ邸美術館は、もとはミシン製造で財を成したブルジョアの邸宅である。このボスキ・ディ・ステーファノ邸美術館は住宅街の中の高級集合住宅（日本でいうマンション）にあり、ワンフロアに美術品のコレクションが展示されている。入場無料だ。

これがよかった。フニ、ピシス、モランディ、キリコ、その他、未知の二〇世紀イタリア絵画の数々。とくに「シローニの部屋」。マリオ・シローニの作品をそれと意識して見たのは初めてだ。

佐伯祐三《コルドヌリ（靴屋）》（1925年）

むかし、美術史家の若桑みどりさんのお宅を訪ねてインタビューさせてもらったことがある。もう二〇年も前のことだ。若桑さんは二〇〇七年に亡くなった。

そのインタビューの中で、若桑さんが若い日に好んだ画家について語られた。「ズバリ言いまして佐伯祐三です。絵が本当に好きな人でないと、佐伯祐三が絵を描く人間にとってどんなものかはわからないと思いますね。」

この話には共感した。私は若桑さんより一五年ほども年下だが、やはり佐伯祐三《さえきゆうぞう》（一八九八―一九二八年）に魅せられ、その神話を共有したものの一人だ。

この話題に続いて、若桑さんは第二次世界大戦直後に自身が影響を受けたイタリア画家について、何人か名をあげて語られた。今も憶えているのは、マッシモ・カンピーリとともに、シローニの名が挙がったことだ。いずれも当時の私にはなじみの薄い名だった。いまそのインタビューを収めた私の著書（『芸術家を殺す社会』『新しい普遍性へ――徐京植対話集』影書房、一九九九年）をひもといてみても、「シローニ」の名はない。若く不勉強だった当時の私には「シローニ」という名にとく

シローニ《芸術と科学のイタリア》(1935年)

に触発されるものがなかったため、テープ起こしの過程で落としてしまったのかもしれない。インタビュアー失格である。もう手遅れだが、そんなむかしのことをミラノの小さな美術館で思い出した。

マリオ・シローニ(Mario Sironi、一八八五―一九六一年)は一九一四年からミラノに住んで未来派の運動に参加し、二二年には「ノヴェチェント派」の創設者の一人となった。この年はムッソリーニがファシズム政権を成立させた年でもある。

ファシズムが最盛期を迎えていた一九三五年にシローニは国家的プロジェクトの一環として大壁画《芸術と科学のイタリア》を制作した。この壁画は、ムッソリーニの提唱で建設されたローマ大学の大講堂を飾った。「優れた芸術と科学の伝統をもったイタリアがファシズム政権のもとに結集し勝利と栄光を手にしているという図である」(谷藤史彦「ファシズムとマリオ・シローニ――壁画〈芸術と科学のイタリアをめぐって〉」『藝術研究』第一三号、二〇〇〇年)。

シローニ《港のヴィーナス》(1919 年)

シローニはファシズム権力の威圧のもとで「仕方なく『創造を続け』ていたわけではなく、むしろファシズム政権に積極的に参加していた」のである（谷藤前掲論文）。

シローニはこの壁画を描く前の一九三三年に、他の画家との連名で「壁画宣言」を出したが、これはいわば「美術におけるファシズム宣言」であった。そこでは、「ファシズムはひとつの生き方である。それはまさにイタリア人の人生そのものである」と言い、ムッソリーニを引用しながら、「個人的」美術を廃して美術の「社会的機能」を強調する。そして「壁画は個人的表現ではなく、大衆に訴える社会的な絵画であり、ファシスト美術の目的にかなったものである」と言う（谷藤前掲論文による）。このくだりは、「ファシスト美術」という言葉さえ入れ替えれば、メキシコ壁画運動や社会主義リアリズム芸術運動にも通底してはいないか。もちろん、それら相互の間には深い断絶線があるのだが、その線は後日になって考えられているほど明瞭なものではないのであろう。革新的で挑戦的な意欲をもった芸術運動がファシズムへと流れ込んでいく「近代の眩暈」とでもよぶべき現象をここに見ることができる。（それについてはモランディについて語ったくだりで触れた。）

この美術館で見たシローニの作品は政治的戯画でもなく、大壁画でもない。比較的小ぶりな油彩タブローである。初期の作品だろう（《港のヴィーナス》は一九一九年）。キリコの影響が見られるが、より暗く、より内省的に見える。その暗鬱な色調が私には好もしく思えた。Fがシローニを見て「長谷川利行を思い出した」と言った。言われてみれば、そう見えないこともない。「ファシスト」という一般的理解と、私の中であまりピタリと一致しないのである。ともあれ、確かなことは、この暗鬱な美学の画家がファシストになり、ムッソリーニ礼賛者になったということだ。何が、どこで、彼をそのような道に進ませたのだろうか？

長谷川利行《汽罐車庫》（1928年）

ある時期の若桑みどりさんが好んだのは、この部屋にあるような初期のシローニだったのだろう。若桑さんの少女時代は日独伊三国同盟の時代である。シローニたちイタリア作家の作品は日本に積極的に紹介されていたはずだ。画家志望であった若桑さんの記憶にシローニが刻まれているのは、そういう時代背景の故であろうし、一九五一年、戦後生まれの私にその名が疎遠であるのも同じ理由によるだろう。

こう言ったからといって、ファシズムやシローニ自身の責任を軽く見ようという気持ちは私にはない。芸術家が、あるいは学者や企業経営者でも同じことだが、そのことを理由に戦争責任を減免される理由はないと考える。シローニの場合も、本書で触れてきたファシズムの犠牲者たちのことを考えれば、よりきびしく批判されてしかるべきだ。ただ、私がここで言いたいことは、シローニならシローニを「ファシスト」という一言で片づけて安心するわけにはいかない、それは芸術にとってより根の深い現象だということである。そう考えなければ「眩暈」から真に立ち直ることはできないのである。

美術と権力は、その出生以来、骨がらみの危険な関係にある。ゴヤやピカソの例があるとはいえ、権力からの精神的独立を守りぬくことは美術家にとって宿命的な難題だ。権力者は最大のパトロンとして、力と富を武器に芸術家にモニュメンタルな大作の制作を求める。芸術家はある場合には「仕方なく」、多くの場合は喜んでその求めに応じる。それが富と名声を手に入れる近道だからであるが、加えて、みずからの制作欲という御しがたい欲望を満足させるという、芸術行為に固有の陥穽がここに控えているからである。

戦中率先して戦意昂揚画を描いて日本の洋画壇に君臨した藤田嗣治を挙げるまでもなく、こんなことは美術家にとって珍しい話ではない。それだけに、藤田などの戦争責任をきびしく追及することは、政治的課題としてだけでなく芸術的課題として是非とも必要なことなのだ。

佐伯祐三は一九二四年からパリに学び、二六年に一時帰国して大成功を収めた。そのまま日本にとどまることもできたのだが、翌二七年に再び渡仏した。日本の湿潤な大気や木や紙でできた建築物が、どうしても自分の描きたい絵に合わないという理由であった。再会したパリで、なにものかに追い立てられるように描きまくった佐伯は、持病の結核が悪化し、精神も病んで、一年後に客死した。それは、「大正デモクラシー」が圧し潰され、治安維持法が公布されるなど、日本社会が戦争へと転がり落ちていく時代でもあった。

もし佐伯が生きながらえて戦争の時代を迎えていたら、どうなっていただろう？　当時の洋画壇の大スターともいうべき存在だったから、国家権力から見ればおおいに利用価値があったはずだ。佐伯も藤田のように大画面の戦意昂揚画を描いただろうか？　それとも、かつて日本の湿潤な風景を前にした時のように、「あかん、わしには描けん」と苦しげにつぶやいただろうか？　日本の侵略戦争が本格化する前に早世した佐伯祐三は、そういう問いに身をさらさずに済んだ。むしろ幸運だったというべきかもしれない。

ファシズム権力はシローニに潤沢な資金と名声を与え、大壁画を制作させた。これは後に述べるミケランジェロのシスティーナ礼拝堂天井画および壁画制作にも類似する出来事である。しかし、両者は類似しているが同じではない。シローニは（藤田嗣治も）ミケランジェロではなかった。私はそう思うのだが、どうだろうか？

狂　風

翌三月九日は今回のイタリア滞在最後の日である。私とFはのろのろと起き出して、スフォルツア城に向かった。ミケランジェロ作《ロンダニーニのピエタ》に対面するためである。その機会を、旅行最後の日に残しておいたのだ。

私が《ロンダニーニのピエタ》を見るのはこれが初めてではない。だが最初の出会いの印象は、いかに三〇年前のこととはいえ、はなはだ不明瞭である。当時私はまだ若く、性急で、無知だった。

一九八三年秋、三二歳の私は初めてヨーロッパの土を踏んだ。スイスからオランダ、ベルギー、パリを経てイタリアに向かい、再びパリに戻った。そこからドイツやスペインに足を延ばし、最後にはイギリスを訪れた。併せて約三か月、憑かれたようにひたすら美術作品を見て歩く旅になった。この時、フィレンツェでミケランジェロの重要な作品も見たはずだが、私の心はむしろウフィツィ美術館のボッティチェルリや、サン・マルコ修道院のフラ・アンジェリコに集中していて、ミケランジェロの記憶は茫漠としている。

同じ旅で、パリのルーヴル美術館の《瀕死の奴隷（囚われ人）》と《反抗する奴隷》を見たが、こちらの記憶は明瞭である。私はこれらの彫像を見ることを、旅に出る前から自分に義務として課していたのだ。その当時、私の兄たちのうち二人が政治囚として韓国で投獄されていた。獄中生活はこの時点ですでに一二年に及び、釈放の希望はなかった。兄の一人は手紙で、差し入れた書物の挿絵でこの「奴隷」像を見たと伝えてきた。だから私は、獄中の兄に代わってこの「奴隷」像の実物を自分の眼で見定めようと心に決めていたのである。

ところが、パリ滞在中ルーヴル美術館には何回も足を運んだのに、彫刻展示区画まで行って「奴

ミケランジェロ《反抗する奴隷》
（1513-15 年頃）

ミケランジェロ《瀕死の奴隷》
（1513-15 年頃）

隷」に対面することはなかなかできなかった。「気が進まない」という表現では足りない。足が鉛のように重くて、動かないのだ。旅の疲労もあっただろうが、それだけではない。ミケランジェロという存在の何かが、分厚い壁となって立ち塞がっているようだった。

私が自分に課した義務を果たしたのは、ようやくパリを去る直前になってからだった。実際に対面した「奴隷」は、まさしく反抗を続けており、瀕死であった。私の想像の中の、獄中の兄そのものであった。気ままな旅行者である私は、それを「鑑賞」しているのだ。当時の心境をつづった文章に、こう書いた。「心には名状しがたい狂風が渦巻いて、いっこうに鎮まろうとしない。」（『私の西洋美術巡礼』）

それから六、七年経って、幸いなことに兄

たちは生きて出獄することができた。私は西洋美術巡礼を重ね、もちろんその間にもフィレンツェの《ダヴィデ》（一五〇一—〇四年）、《サン・ピエトロのピエタ》（一四九八—九九年）、同《システィーナ礼拝堂天井画と壁画》（一五〇八—一二年、一五三五—四一年）などを見るには見た。だが、どう考えても、表面を撫でるような見方しかできていなかった。私はミケランジェロにはあまり近づかなかった。軽視しているからではない。むしろ逆である。あの「狂風」の記憶が消え去らないからである。

その私がいつの間にか還暦を過ぎる齢になった。いま老年に近づきつつある者の眼でミケランジェロと対面した時、何か違うものが見えるだろうか。それが、今回の旅で自分に課した問いだった。旅の始めに、ローマでシスティーナ礼拝堂を訪れ、サン・ピエトロ聖堂で《ピエタ》に対面したのも、そういう気持ちがあったからだ。

ピエタ

日曜日なのでスフォルツァ城とその周辺は大いに賑わっていた。世界各国からの観光客もいれば、小さい子供を連れた地元の市民も見える。七百年の歴史を持つこの城は、華美な宮廷というより、どこか陰惨な印象である。それも当然であろう。そもそも要塞として造られたこの城は、スペイン（一五三五—一七〇六年）、オーストリア（一七〇六—九六年）、フランス（一七九六—一八一四年）、再びオーストリアと、ミラノ公国が次々と外国に支配された時代には兵舎として使用されていたのだ。イタリア統一後の一九世紀末になって、城は修復され博物館として市民に開放された。

広い中庭を囲むように立つ堅牢な石造りの建物に、古代美術館、絵画館、エジプト博物館、その他、版画、家具、写真などの博物館や図書館が配置されている。古代美術館観覧ルートの最後の一室に、《ロンダニーニのピエタ》があった。戸外は賑やかなのに、展示室内はほとんど観覧者の影もなく、シンと静まりかえっている。

以前見たはずなのに、そんな気がしない。その白く細長い彫像は実際の寸法よりもはるかに大きく見えた。彫像の周囲を二度三度ゆっくりとめぐった。

多くのピエタ像では母マリアが死せる子イエスを抱きかかえている姿が一般的だが、この像では、母は背後から子を抱え上げている。死骸を墓穴から引き揚げている姿、そのまま地上を離れて中空に「昇天」しそうな姿とも見える。Fは、早くも涙ぐんでいる。

スフォルツァ城 ©Jakub Hałun / Wikimedia Commons

ミケランジェロ八九年の苦闘の生涯における最後の作品であり、未完である。
いま「未完」と書いた。たしかにそれは事実である。鑿一本を手に純白の大理石塊の内部に閉じ込められているなにものかを削り出し、外に出そうとする営み。それを何度も試

ミケランジェロ《ロンダニーニのピエタ》（1559-64年）

みた挙句に、途中で中断したものだ。だが、この作品と対面していると、そもそも「未完」とはどういうことか、芸術にとって「完成」とは何かという問いが湧きあがってくる。

　ミケランジェロ自身の二十代の作品、たとえばフィレンツェの《ダヴィデ》や《サン・ピエトロのピエタ》とこれを見比べた場合、普通にいう「完成度」という点では、若い日の作品が六〇年後のそれに勝っている。ミケランジェロは、言うなれば、完成からさらなる完成に向かって歩き続け、未完の《ピエタ》を残してついに力尽きた。だが、これこそが「完成」である。「未完形の完成」である。そうとしか思えないのである。

ミケランジェロ《サン・ピエトロのピエタ》(1498-99年)

　芸術思想研究者・木下長宏が述べていることは、ここでの私の感想に近い。アカデミア美術館所蔵の四体の「奴隷」像について、木下は「これは『未完成』ではない。これは、一つの『完成』なのだ。この『完成』は、動く完成である。移動する完成である。あるいは『生成する完成』とでもいえばいいか」と述べる。木下はまた、《ロンダニーニのピエタ》について、こう述べている。「ミケランジェロの未完の彫刻作品はつねに『生成する完成』として現れている。だから、ミケランジェロ

の彫刻に『未完成』は存在しない、と言い切ることができる。」（木下長宏『ミケランジェロ』中公新書、二〇一三年）

未完成形の完成

歴史学者・羽仁五郎は、一九三九年初版の歴史的名著『ミケルアンヂェロ』（岩波新書）に、こう書いた。「一五六四年のはじめ、ミケルアンヂェロはようやくその〝あらしのうみをよぎりきって来たわが生涯〟のおわりにちかづいた。彼は日々に衰えた。しかもなお彼は工具をすてず。二月一二日、彼はピエタを彫って終日立ちつくしていた。ピエタ・ロンダニニである。いたましさのかぎりのこの作品。若き日のミケルアンヂェロの最初の傑作となったあの希望にみちたる〝ピエタ〟と、この最後の悲痛そのもののピエタ、なんという対照であろう。」

羽仁はこの作品から誰しもが「異常な悲痛の印象」を受けるとし、「諸君自身の見識」をもってこの未完の《ピエタ》を理解せよ、と呼びかける。この作品においてミケランジェロは「彼がいままでのその全生涯のいかなる作品にもこころみたことのなかった芸術的表現をこころみようとしたらしい。それでこの作品は超現実主義的または超理想主義的な表現主義的の印象さえもあたえるのである。（中略）現実をまたは理想をまたは表現をきわめつくしてその最後の活路をきりひらこうとした表現である。ああ、ミケルアンヂェロは何処へ行こうとしていたのか。」

一五六四年二月一六日、ミケランジェロは最後の激烈な発作に襲われ、一時は回復のきざしを見せたものの、二月一八日、永眠した。「そのかたわらにあのピエタ・ロンダニニが立っていたのであろう。」(羽仁)

この未完の《ピエタ》は、作家が力尽きた結果ではなく、明確な芸術的意図の表れである、その意図は美術史的にいえば未来の表現形式を先取りするものであった、そういう見方がある。たしかに《ロンダニーニのピエタ》を見ていると、二〇世紀以降の表現形式が先取りされているように見える。そうであるがゆえに、二度の世界大戦という惨禍のあとの私たち、「アウシュヴィッツ後」(アドルノ)を生きる私たちにも、強く迫る表現になり得ているのであろう。

私はいままでに何か所もナチ強制収容所跡を訪ねたが、たとえばアウシュヴィッツ、マウトハウゼン、ブーヘンヴァルトなどに据えられている多くのモニュメントの表現に(こういうことを言うのは恐縮だが)物足りないものを感じてきた。出来事の強度と作品のそれとが拮抗していないのである。その点、その場所に据えられているのが《ロンダニーニのピエタ》だったら、印象は違っていただろう。五百年近く前にミケランジェロという一人の芸術家が行なった表現活動が、その「偉大さ」においてではなく、「異常な悲痛さ」において、「アウシュヴィッツ後の芸術」に見合う質量を備えている。まさに驚異的なことだ。そして、そのことは芸術と人間性についての、終わりなき思索へと私を誘うのである。

ただ、こう言ったからといって、ミケランジェロ自身が明確な表現的意図からこのピエタ像を未完に終わらせたとは私も考えない。そのことは多くの専門家によって綿密に研究されている（例：アンソニー・ヒューズ著『ミケランジェロ』）。これは作家が力尽きたという偶然の産物なのである。だが、なんという偶然なのだろう！　それもまた、この異常な芸術家が九〇年近い生涯を一途に創造の苦闘に捧げた末に起きた事件なのだ。その意味で、この偶然もまた芸術的営為の創造物なのである。

私はミケランジェロに対して長く先入観をもってきたし、実際にその名作の数々に接しても、通り一遍なもの以上の感慨に打たれることはなかった。しかし、この最後の作品を起点として、そこから時系列を遡るように作品群を想起していくと、違った景色が浮かんでくるように思える。天才ミケランジェロは二十代にして完成の域をきわめた。凡庸な人であればその後の人生は惰性にまかせたかもしれず、「自分の形式」に満足してそこにとどまり続けたかもしれない。それが大多数の場合であろうし、それでも称賛されこそすれ非難されはしなかっただろう。だが彼はこの「完成」からさらに先に進もうとして苦闘を続け、最後に「未完形の完成」を残して息絶えたのである。《ロンダニーニのピエタ》、ミケランジェロにとってこれ以上の「完成」があっただろうか？

ミケランジェロは生きている

ミケランジェロ・ディ・ロドヴィーコ・ブオナローティ・シモーニ（Michelangelo di Lodovico

Buonarroti Simoni、一四七五—一五六四年）は一四七五年、フィレンツェ郊外のカプレーゼという村に生まれた。父ルドヴィーゴは銀行経営に失敗し、この当時は共和国政府の臨時職員として生計を立てていたが、家系は名門市民階級に属すると主張していた。一家はやがてフィレンツェに戻り、ミケランジェロは六歳の時に学校に通い始めたが、できの悪い生徒で、読み書きの習得も遅く、古典語にも親しめず、ただ絵を描くことにのみ意欲を示したという。

一三歳の時、当代の人気画家ドメニコ・ギルランダイオの工房に徒弟に入った。サン・マルコ修道院の庭園にはフィレンツェの最大権力者ロレンツォ・デ・メディチ（イル・マニフィコ）が収集した美術品が並べられていたが、そこでミケランジェロ少年はイル・マニフィコから大理石を与えられ牧羊神を刻んでみよと声をかけられた。出来上がった作品にイル・マニフィコはすっかり魅せられて、この天才少年を自宅に住まわせた。

一五歳のミケランジェロは「みずからに娯楽を許さず、友人を求めず、若い娘に目もくれず、陰鬱寡黙で喧嘩早かった。ある時、ピ

ダニエル・ダ・ボルテッラ《ミケランジェロの肖像》（部分、1544 年頃）

エトロ・トリジアーノという男といさかい、こっぴどく殴られて鼻が曲がってしまった。それ以来、ますます人間嫌いになり、性格がひねくれた。」（I・モンタネッリ／R・ジェルヴァーゾ著、藤沢道郎訳『ルネサンスの歴史（下）――反宗教改革のイタリア』中公文庫、二〇一六年）

それは、サン・マルコ修道院の院長サヴォナローラがイル・マニフィコときびしく対立していた時代である。イル・マニフィコの死の数年後、一四九四年から四年足らずの間、サヴォナローラは享楽と頽廃の風潮を糾弾して、フィレンツェの新共和制下で事実上の独裁者になった。娯楽は、歌謡曲、舞踏、賭博、競馬、すべて禁止され、瀆神の言は舌抜き刑、同性愛も厳罰を科せられた。イル・マニフィコ時代の祝祭的な雰囲気は一掃された。押収された大量の「虚栄の品」、その中には貴重な写本や一流の美術品も混じっていたが、それらは広場に積み上げられて火を放たれた。

やがてサヴォナローラは教皇アレキサンデル六世によって破門され、凄惨な拷問の末に「偽予言者」として有罪を宣せられた。一四九八年五月二三日、多くのフィレンツェ市民が見物する中、「虚飾の焚刑」が行われた同じ市庁前広場で、彼は二人の弟子とともに絞首ののち、焚刑に処された。「神学上の問題はさておき、二〇年後の宗教改革の旗印となった道徳的要請を、サヴォナローラは確かに先取りしていたのである。聖者のように生き、自らの信念に殉じたこの人物が、お告げを語るデマゴーグ、扇動者であったことは何らその偉大さをそこなうものではない。」（モンタネッリほか前掲書）。

ミケランジェロは、この顚末をどういう気持ちで見守っていたのだろうか？　彼はイル・マニフィコに大恩を受けながらも、同時にその政敵サヴォナローラの「道徳的要請」にも共感していた。震撼し、身を引き裂かれる思いであっただろう。そのことはこれ以降の作品の端々に現れる。たとえばシスティーナ礼拝堂壁画《最後の審判》は、その裸体表現が教会権力から猥褻と非難されるような側面と同時に、一見それとは矛盾する「厳父」（きびしい「道徳的要請」の体現者）としてのキリスト像が描かれている。「その背後から（中略）サヴォナローラの匂いが漂って来る」のである（モンタネッリほか前掲書）。

サヴォナローラが処刑された翌年（一四九九年）、ローマに移っていたミケランジェロは《サン・ピエトロのピエタ》を完成させた。これが成功作となり、以降「雨のように注文が降って来た。（中略）だが、こんなに流行作家になっても性格は柔らかくならなかった。相変わらず友人を作らず、酒場や遊郭に通わず、女に目をくれず、汚れた服を着、髪はくしけずらず、めったに身体も洗わず、着のみ着のまま、長靴も履いたまま寝た。」（モンタネッリほか前掲書）

一五〇一年、フィレンツェに戻ったミケランジェロは、それから二年余りをかけて《ダヴィデ》を制作した。この巨像は一八七三年にアカデミア美術館に移されるまで、フィレンツェ共和国政庁舎ヴェッキオ宮の前に据えられていた。現在同じ場所にあるのは複製品である。

「ミケルアンヂェロは、いま、生きている。うたがうひとは〝ダヴィデ〟を見よ。」

これは羽仁五郎『ミケルアンヂェロ』冒頭の一行である。ミケランジェロについて書かれた書物のうち、私にとってもっとも忘れがたいものである。「ミケルアンヂェロの〝ダヴィデ〟は、ルネサンスの自由都市国家フィレンツェの中央広場に、その議会の正面の階段をまもって、立っている。身には一糸をつけず、まっしろの大理石のまっぱだかである。そして左手に石投げの革を肩から背にかけ、ゴリアを倒すべき石は右手にしっかりと握っている。左足はまさにうごく。見よ、かれの口はかたくとざされ、うつくしい髪のしたに理知と力とにふかくきざまれた眉をあげて眼は人類の敵を、民衆の敵を凝視する。」「長い中世封建の圧制の暗い世界から、ついにそこからぬけだした人類が新しい世界にむかって、新しい社会にむかって進歩をはじめた、その先頭に立って走ってゆくルネサンスの花フィレンツェの自由独立の市民。（中略）そうした群衆のまっただ中に、そのフィレンツェ自由都市の市民より選挙されて成立していた最高政府シニョリアの政庁および議事堂パラッツオ・デラ・ヴェッキオの正面に立つミケルアンヂェロの〝ダヴィデ〟。かくのごとく美しいものが、この世にあり得るのか。」

羽仁は一九〇一年生まれであるから、この本を三十代で書いたのだ。当時の日本は中国侵略戦争が長期化し、国家総動員体制のもと、軍国主義が急激に高潮していた。三九年の九月にはナチス・ドイツのポーランド侵攻によって第二次世界大戦がはじまっている。そのような時代に、羽仁五郎は「反ファシズムと自由圧殺への抵抗の意味を込めて、ミケランジェロを「自由都市」フィレンツェの戦う市民的英雄として描き出した」のである（森田義之「あとがき」、ジョルジョ・スピーニ著、森田義之・松本典昭訳『ミケランジェロと政治』刀水書房、二〇〇三年）。戦後生まれの私も、この本を必読書とした者の一人である。

ミケランジェロ《ダヴィデ》(1501-04年)

だが、このような羽仁のミケランジェロ観は現在では「理想化・単純化」されたものであるとされる。そもそも当時の「市民《チッタディーニ》」とは今日私たちが普通に思い描く「市民」とは異なり、「旧貴族層から都市権力を奪取した富裕大商人・銀行家を中核とする新興市民層のことである。」「彼らは自分たちより下位の階級である中小市民の商工業者や下層労働者に対しては明確な優越感と差別意識をもっていた。彼らの主張する共和主義体制は、したがってより限定された貴族的共和制と本質的に変わるところがなく、近代的な民主的共和制とは本質的に異なっていたのである。」「またミケランジェロという人間の心性や行動の軌跡も、戦う共和主義者といった単純なものではなく、次々に起こる権力交代劇とメディチ権力の専制化の過程で、極度の警戒心と恐怖心を抱えてたえず揺れ動き、人間的弱さと小心な保身と惨めな変節に満ちた、想像を絶するほど複雑で屈折したものだった。」

以上はイタリア美術史の権威・森田義之の記述からの引用である（前掲「あとがき」）。専門研究者でない私も、これを読むと、なるほどそうだろうなと思う。その意味では羽仁がミケランジェロを「理想化・単純化」したという指摘に反論はない。

ただ私は、すこし別の角度からこのことを眺めているのである。羽仁の著作は最新の学問知見を反映しているとはいえず、そのままでは変わりゆく時代の批判に耐えられないかもしれない。だが、それをミケランジェロの芸術に触発された、羽仁によるもう一つの芸術作品（文学作品）とみれば、どうだろうか？

一九三〇年代末の日本で、進歩的精神に富む一人の若者が、ミケランジェロを素材として、精一杯の抵抗を試みたのだ。ミケランジェロの作品の力がなくては起こりえなかったことであろう。ルネサンス時代イタリアの彫刻家が、五〇〇年後の東アジアの青年知識人に霊感を与え、その抵抗を鼓舞したのである。これは芸術的事件ではないだろうか。森田ら専門家の見解を重々認めた上でのことだが、私は、ミケランジェロにはそういう力があると思っている。それを受け止め掬い上げた羽仁五郎ももちろん非凡であった。

苦しみつつ制作し、制作しつつ苦しんだ

ダヴィデ制作から四年後、ミケランジェロは教皇ユリウス二世の命によりシスティーナ礼拝堂天井画の制作を開始した。「まず下絵を描き、それを天井の壁画に移し始めたが、足場の枠にかけ渡した横木の上に仰向けに寝て、蠟燭の光で仕事をしなければならず、超人的な苦業であった。（中略）システィーナ礼拝堂天井画のために、ミケランジェロは一五〇八年五月から一五一二年一〇月まで、ほとんど切れ目なく働いた。（中略）この言語に絶する苦闘の四年間は、ミケランジェロを二〇年も老け込ませ、その身体を変形させ、視力を弱め、性格をさらにねじ曲げた。」この「古今絶無」の巨大な作品に、ミケランジェロは「死の幽鬼と劫罰の恐怖にうなされる己が不安な魂をぶちまけた。」（モンタネッリほか前掲書）

ミケランジェロ《最後の審判》（1535-41 年）

さらに一五三三年、五八歳になったミケランジェロはシスティーナ礼拝堂の壁画《最後の審判》を描くことを教皇クレメンス七世に約束。その作品は彼が六六歳になった四一年にようやく完成したが、六四年一月、トレント公会議の決定を受けた教皇ピウス四世により、「猥褻と見なした部分を布で覆い隠す」命が下された。ミケランジェロはこの年に世を去った。そのひと月ほど前に、自らの畢生の大作が無理解に晒され侮辱される経験をしたということになる。

ミケランジェロとはなにものなのか？　聖者なのか、それとも怪物か？　彼はなによりも彫刻家であり、次いで画家、建築家であった。同時に詩人でもあって数百のソネットを残している。それらの詩歌の多くはおそらく同性愛の対象でもあった最愛の弟子トマーゾ・カヴァリエーリと、信仰や哲学について語り合った親友ヴィットリア・コロンナとに捧げられている。

「ルネサンスの偉大な巨匠の群れの中で、ミケランジェロは疑いもなく最大の存在」だと人は言う（モンタネッリほか前掲書）。そのとおりだ。だが「偉大」という言葉を表面的に受け取り、決まり文句として反復することは間違っていると私は思う。それは、かつての私がそうだったように、むしろ彼のほんとうの偉大さに対する理解や共感から人を遠ざける。スフォルツァ城の一隅で《ロンダニーニのピエタ》の周囲を歩きながら、とくにその感を強くした。

「ミケランジェロの一生のあいだに、フィレンツェの政治体制はロレンツォ・イル・マニフィコの僭主制に始まり、二人のメディチ教皇時代を経て、コジモ一世の絶対君主制にいたった。その間に二度のメディチ家追放があり、サヴォナローラの民衆共和制やソデリーニの寡頭共和制、そして激烈な包囲戦も経験した。（中略）絶対君主たちが六〇年以上にわたり断続的に争奪戦を繰り広げたイタリア戦争が、フィレンツェの激変に象徴されるイタリアの悲運を決定したのである。（中略）ミケランジェロの生涯はそのイタリア戦争をそっくり包摂している。対抗するパトロンに仕える芸術家の生涯が平穏であるわけがない。事実、ミケランジェロは苦しみつつ制作し、制作しつつ苦しんだ。」

以上はイタリア史研究者・松本典昭からの引用である（「ミケランジェロ時代のイタリア政治」前掲『ミケランジェロと政治』）。この松本の言葉に、私は深く得心する。なんと変化の激しく、無慈悲で、刻薄な時代であったことか。その渦中をただ生き抜くことさえ困難であるのに、なおかつこの芸術家は長い生涯を創造に捧げ尽くした。彼を支援したり、あるいは利用したりする権力は次々に転変し、相互に争いもした。彼が目先の収入や栄達のために働いていたとしたら、このような生涯をまっとうすることは到底できなかっただろう。彼は強靭な無敵の人ではない。「人間的弱さと小心な保身」の人であった。ただ彼は、みずからの創造の欲求にどこまでも忠実であった。つねにより遠くを目指し、高みを仰ぎみていた。彼の到達しようとする地点は、権力者の望みなどはるかに凌駕している。その創造の力は五〇〇年後の私たちにまで届いている。これが、ミケランジェロの「偉大さ」である。やはりシローニや藤田嗣治とは違う。

《ロンダニーニのピエタ》に別れを告げる時が来た。私は三二歳から西洋美術巡礼を始めて、いまは六〇歳を過ぎる年齢になった。このピエタに、ミケランジェロに、ほんとうに会ったと思えるまでに三〇年を要したということになる。ミケランジェロはいまの私の年齢からさらに三〇年近い歳月を生き抜いて、この「未完形の完成作」を人類に残したのである。

薄暗い展示室から戸外に出ると、眩しい陽光の下を楽しげな様子の人々が行き交っていた。明日はマルペンサ空港の近くで一泊し、明後日、日本に向かう飛行機に乗る。

韓国版あとがき

二〇一四年春のイタリア旅行からおよそ四年が経った。当たり前のことだが、私自身、その分だけ年齢を重ねた。この四年間で、世界はさらに悪くなった。朝鮮半島を中心とする東アジアでは次の戦争の危機すら迫っている。私はこの間、迫りくる危機を強く意識しながら旅をふり返って、本書のもととなるエッセイを書き続けていた。

あの万能の巨人ミケランジェロも「人間的弱さと小心な保身」の人であった。彼に戦乱を止める力などなかった。彼はひたすらに制作に身を捧げ、大理石の塊をこつこつと削り、謎のような未完のピエタ像を私たちに残した。言うまでもなく、私自身の書くものなど彼の足元にもはるかに及ばない。ただ私はミケランジェロやその他の偉大な芸術家たちの前に謙虚な心で立ち、ある時には愉しみ、ある時には怒りまた悲しみながら、彼らの成した業《わざ》への驚きと憧れの心を読者のみなさんに伝えたいだけである。

人間はこんなにも愚かで無力である。世界をより良くすることに役立たなければ芸術に何の存在価値があるのか？　そう問われれば、私は即答できない。だが、かりにそれすら存在しないとすれば人間に何の価値があるのか？　そう小声でつぶやくことができるばかりだ。本書はそのような「小声」である。

旅から帰ったあとに、日本で未訳だったプリーモ・レーヴィの短編集『リリス――アウシュヴィッツで見た幻想』が刊行された（竹山博英訳、晃洋書房、二〇一六年）。本書は三部構成になっている。第一部は、アウシュヴィッツ体験を主題とした作品群。第二部はSFファンタジーに分類される作品群。第三部は実在の人物や日常生活を主題にしたものである。第三部の短編を読むと、占星術師や錬金術師が活動していた中世のヨーロッパが、いまもそこに息づいているように感じる。大道芸に人だかりがするローマやフィレンツェの広場が目に浮かぶ。たとえばフェデリコ・フェリーニの映画を観る味わいである。

第一部で語られるのは強制収容所で出会った人たちの思い出である。ロレンツォという煉瓦積み工について、レーヴィはこう語る。「彼は未婚で、いつも一人だった。彼の仕事は血の中に入り込んでいて、人間関係を難しくするまで浸透していた。（中略）もし親方が意見を言うと、それがとても丁寧な言い方でも、彼は返事をせずに、帽子をかぶって出て行った。（中略）パスポートも、身分証明書も持たず、徒歩で、一人で旅立ち、適当な場所で眠り、密輸業者の峠道を通って国境を越え、春になると同じように帰ってきた。」

ロレンツォは非ユダヤ系の外国人労働者としてそこで働いていたので、レーヴィたちユダヤ人たちよりはマシな処遇を受けていた。だが、ユダヤ人囚人たちと話したり、ましてや助けたりすることは厳禁されていて、もしそうした規律違反が発覚すると彼自身が生命にかかわる厳罰を受けなければならない立場だった。それにもかかわらずロレンツォは、無造作ともいえる態度で、危険をかえりみず、長期にわたりレーヴィたちに食料を分け与えたのである。煉瓦を積むときと同じ頑固さで、ほとんど無言のうちに。戦争が終わって帰郷を果たしたレーヴィは恩人であるロレンツォを訪ねた。だが彼は相変わらず寡黙で、精神を病んでおり、ほどなく世を去った。

ロレンツォについてのレーヴィの記述は、あたかも福音書のような高潔さを湛えている。こう言うのは、ロレンツォがなんらかの宗教教義や信仰にもとづいて生きたという意味ではない。彼はなんらかの権威の命によって「善行」をなしたのではなく、おそらくそれを「善行」と意識することもないまま、みずからの本源的な衝動に従ってそれをなしたのである。人間にはそんなことが可能なのか？　人間とは、そういう存在なのだろうか？

ロレンツォの「善行」は、レーヴィの著述によって初めて世に知られ、いまその生まれ故郷には記念碑が立っているという。それをお参りに訪ねる人々が現れ、教会堂が建てられたとしても不思議ではない。信仰というものは、もともとこのように生まれたのかもしれない。

しかも、ここがレーヴィの真骨頂だと思うのだが、ロレンツォを語った一篇は、収容所での親友チェーザレについてのそれと一対をなしているのだ。レーヴィとともにソ連軍によってアウシュヴィッツから解放されたチェーザレは、ロシア各地で転々と抑留生活を送ったのちに、ようやくイタリアへ送還されることになった。だが、その列車は耐えられないほどノロノロとしか進まない。業を煮やしたチェーザレは途中で、自分はここで降りて自力で帰国する、と宣言した。しかも飛行機で、と。言葉も通じず、知り合いもいない外国である。まして彼らは現金どころか、なんの財産も持ち合わせておらず、身分証明書すらもないのだ。非常識を超えた、ほとんど自殺行為であった。だが、チェーザレは自信満々、ではローマで会おうと言い残して列車から去って行ったのである。

後日、チェーザレはたしかに故郷ローマへの帰還を果たした。会いに行ったレーヴィに、ルーマニアである金持ちの女性を騙して偽装結婚し帰還費用をせしめたのだと明かした。そんなことはチェーザレにとっては、さしたる難題でもなかった。「チェーザレは自明なことだが、ルーマニア語を話さず、それ以外の言葉も、イタリア語だけだったが、伝達の難しさは彼の障害にはならなかった。むしろ彼には助けになった。なぜなら誤解される状況では嘘はつきやすいし、女性をくどく技巧において、明確に組み立てられた言葉は二次的役割しか果たさないからだった。」

無口な聖人ロレンツォと多弁な詐欺師チェーザレ。聖と俗、高潔と猥雑の対照である。レーヴィはこの両者を対立的にみているのではない。人間性の不可思議で魅惑的な両面とみている。強制収容所で、人間の残虐さと冷血さの極限を体験したにもかかわらず、著者は人間存在への興味と愛情を失わなかった。驚くべきことである。

私はこの話を読んで、この言葉は注意深く用いなければならないが、「ああ、イタリア的だな」と思う。ロレンツォもチェーザレも、それを記述するレーヴィをも含めて、「ああ、なんとイタリア的なのだ」と思うのである。

もちろん、これは現実の「イタリア」のすべてではないし、その一面ですらないかもしれない。しかし、「イタリア」という想像が、少なくとも私の心に、そのような物語を呼び起こし、私を魅惑してやまないのである。

本書の書名を「人文紀行」と名づけた。「紀行」である限り、たんに人文的事象についての考察にとどまらず、たとえ断片的にではあれ、その風土に実際に身を置き、それを全身に感じ、過去と未来に想像を馳せることが求められる。本書は私という人間が、何回も足を運んだ「イタリア」（実際にはローマ以北に限られるが）という場所でめぐらした人間への思いの記録である。それは当然、「私」の主観的プリズムを通した像であり、「イタリア」を語りつつ同時に「私」を語るものにほかならない。読者のみなさんにとって面白いもの、なんらかの発見につながるものであってくれれば幸いである。

ああ、イタリア。いつも私を疲れさせるイタリア。旅を終えるたびに、もう再び来ることはないだろうと思うイタリア。だが、しばらくすると、忘れがたい思い出となって繰り返し蘇るイタリア。その想いはどこか、人間そのものへの愛憎に似ている。

二〇一七年一二月一日　東京にて

日本版あとがき

本書は二〇一四年春のイタリア旅行を素材とした紀行エッセイである。原書は韓国ですでに二〇一八年に刊行されている（崔在赫訳、반비刊）。原書刊行から二年後に、ようやくこうして日本の読者にも見ていただけるようになった。続いて、韓国では二〇一九年に『私のイギリス人文紀行』という著作が刊行されている。これもやがては日本の読者の目に触れることを願っている。

この「あとがき」を書いている今日、私の勤務先では卒業式が中止になった。いうまでもなく「新型コロナ感染症」騒動のためである。昨日の報道によると、全世界で感染者数が三〇万人を超え、死亡者数も一万三千人に達したという。中でもイタリアの状況は破局的というほかない。私が本書に描いた、ダヴィデ像の立つフィレンツェの広場も、今は無人だ。

後日になってこの「あとがき」を読み、ああそんなこともあったなと振り返る日が来るのか、それとも、あれがさらなる大災厄の序章だったと思い知るのか、予測はつけがたい。ここで「大災厄」というのは疫病だけを指しているのではない、この混乱の中から自己中心主義と不寛容の気分が蔓延し、ファシズムが台頭するといった事態、最悪の場合は戦争の予感をも含んでいる。そういう気分の中で、本書原文を読み直した。

当然ながら、私の連想はペスト禍に繰り返し襲われたイタリアのルネサンス期に導かれた。本文中（二四頁）に引いたように、「カラヴァッジョはペストによって形作られた」。疫病と戦争による死の影に覆われた時代が、一方ではあのような芸術を産み出したのである。私はむかしの巡礼と同じように、そのことの驚異とおのが無力とに打たれる。ルネサンスからおよそ五世紀、第二次世界大戦の終戦からおよそ七五年、世界と人類は良くならなかったという感を新たにしている。

こういう時期に、こういう心で、文章を書くという営みにどんな意味があるのか。そのことを絶えず考えている。ものを書くということが、現在のような事態にとって効果があるとは、私には思えない。それでもものを書き続け、会ったことのない（これからも会わないかもしれない）読者に向けて語りかけ続ける理由は、突き詰めればそれが（少なくとも私にとって）生きることそのものだからだ。過去の偉大な先人たちも、おそらくそうであっただろう。私の考えるところ、ここに人文学（ヒューマニズム）の存在理由の一つがある。

あのペスト禍の最中にあって、ボッカッチョは『デカメロン』という怪作を残した。これも、私が本書中で言及した、悲劇と喜劇、聖性と俗性を併せ持つ「イタリア的」両義性の所産と言えるだろう。そこから豊穣なルネサンス文化が、そしてプリーモ・レーヴィやナタリア・ギンツブルグなどの近代文学やネオリアリスモ映画の名作が産み出された。これらの作品に出会い直して、人間性というものについて改めて考えてみることも、新型コロナ禍に覆われたこの時代を生きる一つの方途かもしれない。

本書に貴重な導きを与えてくださった、イタリア文学研究の泰斗、河島英昭先生は二〇一八年五月二五日、死去された。先生の業績はここに繰り返して詳述するまでもない。このような先人の導きなしには、私と「イタリア」との出会いもあり得なかった。まさに「人文学」の恩恵である。先生の生前にはお目にかかる機会を得なかったが、ここに感謝の言葉を添えておきたい。

本書刊行にあたり、前著『越境画廊』に続いて、論創社の松永裕衣子さんにお世話になった。記して感謝します。

二〇二〇年三月二三日

徐　京植（ソ・キョンシク）
1951年京都市に生まれる。早稲田大学第一文学部（フランス文学専攻）卒業。現在、東京経済大学全学共通教育センター教員。担当講座は「人権論」「芸術学」。著書に『私の西洋美術巡礼』（みすず書房、1991）『子どもの涙——ある在日朝鮮人の読書遍歴』（柏書房、1995／高文研、2019）『新しい普遍性へ——徐京植対話集』（影書房、1999）『プリーモ・レーヴィへの旅』（朝日新聞社、1999）『新版プリーモ・レーヴィへの旅』（晃洋書房、2014）『過ぎ去らない人々——難民の世紀の墓碑銘』（影書房、2001）『青春の死神——記憶の中の20世紀絵画』（毎日新聞社、2001）『半難民の位置から——戦後責任論争と在日朝鮮人』（影書房、2002）『秤にかけてはならない——日朝問題を考える座標軸』（影書房、2003）『ディアスポラ紀行——追放された者のまなざし』（岩波書店、2005）『夜の時代に語るべきこと——ソウル発「深夜通信」』（毎日新聞社、2007）『汝の目を信じよ！——統一ドイツ美術紀行』（みすず書房、2010）『植民地主義の暴力——「ことばの檻」から』（高文研、2010）『在日朝鮮人ってどんなひと？』（平凡社、2012）『フクシマを歩いて——ディアスポラの眼から』（毎日新聞社、2012）『私の西洋音楽巡礼』（みすず書房、2012）『詩の力—「東アジア」近代史の中で』（高文研、2014）『抵抗する知性のための19講—私を支えた古典』（晃洋書房、2016）ほか。高橋哲哉との共著『断絶の世紀　証言の時代——戦争の記憶をめぐる対話』（岩波書店、2000）『責任について—日本を問う20年の対話』（高文研、2018）多和田葉子との共著『ソウル—ベルリン玉突き書簡——境界線上の対話』（岩波書店、2008）など。韓国でも多数著作が刊行されている。

メドゥーサの首——私のイタリア人文紀行

2020年6月10日　初版第1刷印刷
2020年6月20日　初版第1刷発行

著　者　徐　京植
発行者　森下紀夫
発行所　論創社
東京都千代田区神田神保町 2-23　北井ビル
tel. 03（3264）5254　fax. 03（3264）5232
web. http://www.ronso.co.jp/
振替口座　00160-1-155266

装幀／奥定泰之
組版／フレックスアート
印刷・製本／中央精版印刷
ISBN978-4-8460-1929-7　